ナツメ社 保育シリーズ

子どもの「やりたい!」「できた!」をかなえる

保育の環境アイデア

千葉経済大学短期大学部
こども学科学科長・教授
横山洋子 監修

ナツメ社

子どもが主体的にあそび、
生活できる環境を

　「環境による教育」という言葉は、保育者であれば、耳にたこができるくらい聞かされていると思います。一方で、「この古くて狭い園で、いったいどうしろというの？」そんな声もしばしば耳にします。有名なデザイナーが設計したおしゃれな他園の園舎をうらやましく思い、ため息をつく気持ちもわかります。

　だけど、古くても狭くても大丈夫！　頭の中で今、園の中にあるものを一旦全部消し去り、必要だと思うものだけを配置し直してみましょう。ほら、ずいぶんとすっきりしますね。

　次に、子どもが今やりたいこと、したいあそびができるコーナーを設けましょう。子どもが自分で選べることが大切ですから、3〜4種類は準備したいですね。

　そして、そのあそびが継続するためには、どんなしかけが必要か考えてみましょう。子どもの言葉や表情、表現などをよく観察し、子ども

の思いに寄り添いつつ想像力を働かせるのです。例えば、つくりかけの作品を置く場を設ける。そして、その作品を見た子どもたちを巻き込んでいくというのも工夫のひとつです。

そうした、子どもの主体性を育む保育の環境アイデアを、多くの園から集めたのが本書です。園の造りが異なっても、まねできそうな工夫が盛りだくさんです。あとは、自園に合わせてアレンジすればよいのです。

園は、子どものための場であるとともに、保育者が働く場でもあります。保育者自身が居心地よく、行ったり来たりせずとも効率よく仕事ができる環境が望まれますね。

本書を参考に、あなたの園が子どもにとっても大人にとっても、少しずつステキな環境になったとしたら、これに勝る喜びはありません。あなたのチャレンジと今後の保育を全力で応援しています。

横山洋子

目次

子どもが主体的にあそび、生活できる環境を ……… 2
本書の使い方 ……… 6

第1章 子どもが主体的にあそべる環境づくり ……… 7

● **室内あそび** 環境づくりのポイント ……… 8
　室内あそび　0・1・2歳児　興味や発達に合わせて ……… 10
　　コラム　手づくりおもちゃ図鑑 ……… 16
　室内あそび　3・4・5歳児　想像力や探求心を育む ……… 18

● **絵本・製作あそび** 環境づくりのポイント ……… 24
　絵本　展示や場の工夫で、絵本への興味を促す ……… 26
　製作あそび　つくりたくなる気持ちを刺激 ……… 31
　　コラム　子どもの作品 飾り方アイデア ……… 38

● **屋外あそび** 環境づくりのポイント ……… 40
　屋外あそび　のびのびと体を動かしてあそぶ ……… 42

● **自然とふれあう** 環境づくりのポイント ……… 48
　自然とふれあう　季節の変化を感じながら ……… 50

第2章 子どもが主体的に生活できる環境づくり ……… 59

● **登降園時** 環境づくりのポイント ……… 60
　登降園時　子どもも保護者もわかりやすい ……… 62

- ● **食事** 環境づくりのポイント …… 66
  - 食事　0・1・2歳児　安心して食事を楽しめる環境 …… 68
  - 食事　3・4・5歳児　当番活動 マナーを身につける …… 70
  - 食事　食への興味を促すアイデア …… 72

- ● **排泄・着脱** 環境づくりのポイント …… 74
  - 排泄　安心・快適な環境づくりを …… 76
  - 着脱　わかりやすく・使いやすい！ …… 79

- ● **清潔** 環境づくりのポイント …… 82
  - 清潔　衛生習慣を身につけるために …… 83

- ● **伝達** 環境づくりのポイント …… 86
  - 伝達　子ども　わかりやすく伝える …… 88
  - 伝達　保護者　お願いや情報を共有 …… 94

- ● **共有スペース** 環境づくりのポイント …… 100
  - 共有スペース　過ごしやすい空間の工夫 …… 102

第3章　安全&働きやすい環境づくり …… 109

- ● **安全・防犯・防災** 環境づくりのポイント …… 110
  - 安全　園で安全に生活する …… 112
  - 防犯　子どもを守る意識を徹底する …… 114
  - 防災　災害から身を守るために …… 116

- ● **保育者が働きやすい** 環境づくりのポイント …… 120
  - 保育者が働きやすい　保育に集中し、働きやすい環境 …… 121

- ● **子育て支援・地域交流など** 環境づくりのポイント …… 124
  - 子育て支援・地域交流など　はじめてでも安心できる環境 …… 125

本書の使い方

園での実際の環境づくりを取材し、まとめました。環境を考える際の参考になるよう、写真と園の情報をもとに紹介しています。

登降園時の環境
環境づくりの項目をさしています。

ポイント
環境づくりをするうえで、大切にしたいポイントを示しています。

0～2歳児
対象年齢を示しています。

ココ！こだわりました
環境づくりをする際、こだわったポイントを紹介しています。

子どもの様子
環境を工夫したことであらわれる子どもの様子を紹介しています。

保護者の様子
環境を工夫したことによる、保護者からの感想などを紹介しています。

明るく、ホッとする玄関
各項目の具体的な内容を表しています。

環境づくりの目的や工夫したポイントなどを紹介しています。アルファベットは、その取り組みをしている園を示しています（P.128参照）。

こんな工夫も
ちょっとした準備でできるアイデアや、複数の園での工夫など、まねしたい点を紹介しています。

第 1 章

子どもが主体的にあそべる環境づくり

- 室内あそび
- 絵本・製作あそび
- 屋外あそび
- 自然とふれあう

室内あそび

環境づくりのポイント

触ってみたくなる

　見たことのないものや、カラフルな色のものを目にして、「何かな？」と、じっと見つめたり手を伸ばしたくなったりする子ども。自分で見つけて自ら関わろうとするところに、主体性が育ちます。触ってみることで、「フワフワだぞ」「カチカチだぞ」と、その感触を味わうことができます。また、操作することで、そのものを支配することができます。そうして、対象物を知り、自分の世界をひとつ広げていくのです。

おもしろくてワクワクする

　「引っ張ったら出てきた」「めくったら絵があった」その意外性に、子どもは目をパチクリ！もう一度やってみると、またまた同じことが起きます。「そうなるのかー」と、子どもはおもしろさを感じ、何度もやって楽しみます。
　そのうち、予測ができるようになります。その予測通りになったことを、また喜ぶのです。ものの性質を知り、しくみに気づくようにもなるでしょう。

あそびの発達の目安

- 寝返りをする
- おすわりをする
- 手づかみをはじめる
- はいはい
- つかまり立ち
- 親指と人さし指でつまむ
- 一人で立つ
- 歩行しはじめる
- 走りはじめる
- 積み木を何個か積み上げられる
- 指を細かく動かせる
- 見立ててあそぶ

6か月
* つりおもちゃ
* ガラガラ
* マラカス
* たたくおもちゃ
* 出し入れあそび

1歳
* 積み木
* 穴に落とす
* 引き車

1歳6か月
* 型はめ
* ひも通し

2歳
* お世話あそび
* ごっこあそび

なりたい自分になれる

忍者やプリンセスに変身したり、お店屋さんになったり、子どもはなりきりあそびが大好きです。そう、園は子どもの夢をかなえるところ。なりたいものになれるところです。

子どもの願いをキャッチし、どんなコスチュームをつくるのか、どんな持ち物や道具があったらいいのか、相談しながら夢を形にし、あそびを発展させていきましょう。そこに工夫する力、観察する力、相談する力も育まれます。

本物らしさを追求できる

ままごとあそびには、本物の食器や食具を用意します。美容院や病院もよく観察して、いろいろなアイテムをそれらしくつくりましょう。雰囲気も本格的になりますね。子どもの願いを受け取り、保育者も何を材料にすればつくれるのか、ともに知恵を絞りましょう。3、4歳児のときに豊かな素材体験ができると、5歳児クラスでの活動で適切な材料を選択できるようになります。専門用語も飛び交うようになり、言葉も豊かになるでしょう。

- ●「どうして？」「これは何？」と質問する
- ● 丸や線が描けるようになる

- ● 何でも自分でやり通そうとする
- ● 数に興味をもちはじめる
- ● おもちゃの貸し借りをする

- ● 自意識が芽生えはじめる
- ● 競争心が高まる

- ● 全身を使う運動ができるようになる
- ● 指先が細かく使えるようになる
- ● サッカーやドッジボールなどボールを使った運動を楽しむ

2歳6か月
* ボタン、スナップ留め
* 洗濯ばさみ

3歳
* 折り紙
* パズル
* 友達とごっこあそび

4歳
* あやとり
* ルールのある集団あそび

5歳
* なわとび
* ドッジボール

室内あそび

0・1・2歳児 興味や発達に合わせて

ポイント
- 「何だろう?」「触ってみたい」と興味をひく工夫をする
- つまむ、引っ張る、引くなど、指先の細かな動きを促す
- 見立てあそび、ごっこあそびが楽しめる設定を考える

何だろう？と興味をひく

0～1歳児　ヒラヒラ～が楽しい！

エアコンの吹き出し口に、スズランテープを貼るだけ。季節に合わせて色や装飾を変えてもOK。／H

0～1歳児　ゆれる動きが子どもの目をとらえる

天井からつるすモビールは、子どもの目をひきます。ユラユラした動きには気持ちを落ち着かせる効果も。／T

0歳児　光を受けた色を楽しむ

窓に貼っているのは、市販のシールを貼って完成させる塗り絵。ステンドグラスのように、太陽の光を受けたカラフルな影も楽しめます。／H

1～2歳児　ファスナーを開けると…

花やキャラクターなどを縫いつけた布を下に貼り、ファスナーを縫いつけた布を重ねて貼ります。ファスナーを開けると、中が見えるしくみ。／L

0～2歳児　「押したい」をかなえる

ボタンなどを見ると、「何だろう？」「押したい」と手を伸ばします。／L

第 1 章 室内あそび

1か所だけ留める

0〜1歳児　めくったら?

六角形のフェルトをめくると、子どもたちの顔写真が見えます。自分の顔を探したり、鏡であそんだりして楽しめます。／D

1歳児　これは何?

あっ！何？

テーブルにプチプチシートや洗濯板、片段ボール、刷毛などを貼りつけました。触って感触の違いを楽しみます。／P

作りかけのブロックがあると、興味をひかれてスムーズにあそびはじめられます。

1歳児　立って使える高さのブロックあそび

子どもが立った姿勢で遊べる高さの棚に、ブロックの基礎板を設置。しっかり固定されているので、指先の力も入りやすく、集中して取り組めます。／O

0歳児　大きな箱で大型チェーンあそび

段ボール箱に包装紙などを貼り、穴を開けてチェーン通しあそびに。引っ張るたびに出てくるチェーンに不思議そう！／T

こんな工夫も　不安なとき、"自分の"があると安心！

保護者手づくりのぬいぐるみを布のウォールポケットに。さみしいときや午睡時、だっこして眠る子も。／Q

乳酸菌飲料の空き容器で作った手づくりおもちゃには、子どもの顔写真が！　自分の顔を見つけると、うれしくて笑顔になります。／D

ごっこあそび

2歳児 スマホは人数分を用意

子どもたちに大人気のスマホのおもちゃは、人数分あるので安心です。／M

ココ！こだわりました
子どもの手に合わせたサイズ感と、本物そっくりなボタン配置にしました。

どれにしますか？

2歳児 古い携帯で携帯屋さんごっこ

使わなくなった携帯電話をたくさん用意し、携帯屋さんごっこに。閉店時には、牛乳パックでつくったケースに収納します。／H

1～2歳児 食べ物屋さんのメニューがたくさん！

食べ物屋さんでは、「メニュー」が欠かせません。棚の側面にメニュー入れをつくると、取り出しやすくて便利です。／N

広告やチラシなどから切り抜いたメニューは、おそば屋さん、おすし屋さん、八百屋さんなどバリエーション豊富。

1～2歳児 ままごとに"本物"をプラス

ままごとでは、子どもにもなじみのある本物の皿や食具などをプラスすると、グッと盛り上がります。帽子などのなりきりグッズもおすすめ。／L

ココ！こだわりました
ごっこあそびコーナーの収納には、片づける所がわかるよう、1つずつ写真を貼ります。容器を統一すると、見た目にもきれい！

1～2歳児 具材や道具など、種類を豊富に

ままごとの具材は、いろいろな色、素材のものをそろえましょう。見て触って選ぶ楽しみが増えます。／Q

第 1 章 室内あそび

2歳児 人形といっしょ！

人形を寝かしつけたら、自分にも布団をかけて。弁当と飲み物も準備して休みます。「友達といっしょに」ができるよう、数を多めに用意します。／M

2歳児 買い物はリュックやバッグで

いってきます

ままごとやお買い物ごっこで大活躍のバッグとリュック！ 子どもの扱いやすいサイズ感と柔らかい素材がポイントです。／M

1〜2歳児 子どもが扱いやすいだっこひも

中に入ろうね

だっこひもは、袋状になっているので、中に人形を入れて使います。ベルト部分は面ファスナーで、子どもが自分でつけ外しできます。／N

2歳児 姿見でチェックOK

かごのなかには、スカートやベスト、大きな布などの着替えアイテムを準備。着替えたら、姿見でチェックできます。／R

ココ！こだわりました

姿見は、子どもの全身が見える高さにしました。台紙の段ボール板に貼った布がおしゃれな枠に見えるのもポイントです。

2歳児 電車ごっこコーナー

電車好きな子のために、つり革や運転席、座席、運転手さんの帽子もある、コーナーを設定。子どもたちの身長に合わせて、つり革のひもの長さを変えています。／Q

運転席の正面には、運転席から見える景色の大きな写真が！

体を動かす あそび

0歳児 壁の絵にタッチ！

壁に果物の絵を高さを変えて貼ります。タッチすることで、つかまり立ちや、手を上にあげる動きなどを促します。／R

0歳児 床に写真を貼り、はいはいを！

ベッドの下の床に動物の写真などを何か所か貼っておきます。はいはいが楽しくなります。／R

柔らかい素材がおすすめ

0〜1歳児 歩行が安定する"おもり"

歩きはじめのころは、肩におもりをかけます。重心が安定して、歩きやすくなります。／O

0歳児 手作りフープおもちゃで！

天井からゴムひもでフープをつるし、輪の中にセロハンテープを格子状に貼ります。子どもは立ち上がりフープを押さえながら、ボールを貼ります。／K

0歳児 通り道にトンネルを設置

何もない通路にトンネルを設置。はいはいで通るので、歩きはじめた子も多様な動きになります。／O

ココ！こだわりました

夏、暑すぎて外に出られず、室内で子どもが体を動かして楽しめるようにと考えました。簡単ですが、子どもたちも楽しんでくれています。

第 1 章 室内あそび

プールスティックと牛乳パックでつくったトンネルを床に貼りつけます。トンネルの高さも変えられます。

牛乳パックでつくった四角い枠の中を、バランスをとりながら歩きます。枠の中に座ってあそんでも。

手づくりのトンネル、ハシゴ、四角い枠を設置して、体を動かしてあそびます。友達といっしょだと、刺激を受け「わたしも！」とチャレンジできます。／T

段ボール板に半分に切ったプールスティックを貼りつけ、ハシゴ状に。デコボコ道をバランスをとりながら歩きます。

1歳児　手づくりサーキットで体を動かそう

1〜2歳児　あるものを有効活用

もともとあった四角い木製の手すりに、木製の輪を結びつけてつり輪をつくりました。周りにマットを敷いて、運動あそびスペースに。／A

クッション型のトランポリンを置き、あそび方を広げます。

1〜2歳児　運動あそびスペース

すべり台や平均台を置き、体を動かしてあそぶスペースをつくりました。片側が壁なので安心です。／O

15

手づくり おもちゃ図鑑

廃材や100円ショップで手に入る、身近な材料でつくったおもちゃ。子どもの成長や興味に合わせてつくります。さらに、子どもの様子を見て改良したり、壊れたら修理したりしながら使います。

足裏の感触が楽しい

ジョイントマットに、プチプチシートやアクリルたわし、芝生シートなど、感触の違う素材を貼り、床に接着。足裏の感触が楽しくて、どんどん歩けます。／D

振ったときの感触が違う!

ペットボトルやチャック付きポリ袋に、洗濯のりとさまざまな素材を入れたセンサリーバッグ&ボトル。中に入れる素材の種類や洗濯のりの量により、振ったときの感触の違いが楽しめます。／O

キュートなマイクでなりきり!

こんなかわいいマイクなら、アイドル気分! フェルトと綿でできているので、軽くて握りやすく、安全です。／L

シュシュあそびで靴下がはける

シュシュを足に通すあそびは、靴下をはく動作につながります。すべりのよい生地でたくさんつくり、手や足に通してあそびます。／L

ボタンかけを楽しむ

動物たちが乗った大型バスのタイヤがボタンになっています。ボタンかけに興味が出てきたころにおすすめ。／R

第1章 室内あそび

働く車が大集合

牛乳パックやプリンなどの空き容器でつくった働く車は、子どもに大人気！ タイヤはもちろん、パワーショベルや、宅配便のドアなども動かせます。／T

保護者がつくる「子ども絵本」

子どもの好きなもの、好きな絵本などをテーマに、保護者がつくる「子ども絵本」。つくってもらった絵本を見るとうれしくなり、友達にも見せたくなります。／D

丸い布は1人分のスペースに

1人であそびたい、1人で過ごしたいときに、パッと広げるだけで、1人分のスペースが確保できます。ごっこあそびのおうちにもなります。／R

お風呂屋さんごっこ

棚の背面にミラーシートを貼り、洗面器とシャンプー、トリートメント、くしをその場に接着。すぐにお風呂屋さんごっこがはじまります。／O

連結できる、紙パック電車

ジュースの紙パックに色画用紙を貼ったカラフルな電車。図書フィルムでカバーしているので、消毒もOK。面ファスナーで連結してあそべます。／N

手押し車で楽しく歩く

歩きはじめた子どもにおすすめの手押し車。持ち手がしっかり固定されているので、安心＆安全です。／T

室内あそび

3・4・5歳児 想像力や探求心を育む

ポイント
- ごっこあそびを通して、想像力や工夫する力、観察力を育む
- 好きなあそびにじっくり取り組める空間をつくる
- 興味をもったことを探求できる場や材料を提供する

ごっこあそび

3~5歳児 本物の食器を用意 おしゃれなままごとコーナー

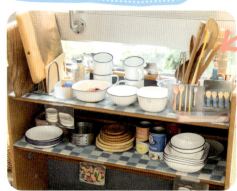

窓際にあるままごとコーナーは、明るくて快適。シンクとレンジ、食器棚、そしてちゃぶ台までそろっています。／J

ココ！こだわりました
ホーローや木製など、本物の食器・調理器具にこだわりました。なりきり度が違います。

4歳児 こびとに夢中な子どもに

"こびとさん"に夢中な子どもの様子を受けて、保育室の前にこびとのおうちを設けました。ドアやポストのほか、ティータイムが楽しめるテーブルも。／J

こびとからのお手紙を掲示。想像の世界が、ぐっと広がります。

4~5歳児 ドレッサー＆コスチューム

鏡と化粧品の空き容器を並べた、本物のようなドレッサー。下の引き出しに、スカートやドレスを入れると、おしゃれコーナーに。／D

第1章 室内あそび

4～5歳児 ごっこあそびコーナーに針が動く時計を

ごっこあそびコーナーに針が動く時計を設置。自然に「●時だから、ごはんを食べよう」とか、「●時に出かけるよ」などと、時間の感覚が身につきます。／D

4～5歳児 積み木風のおもちゃでレジごっこ

牛乳パックに新聞紙を詰めて貼り合わせた積み木風のおもちゃ。しっかりと重みがあるので、テーブルやいすになります。写真のように、立ててレジに見立ててあそぶことも。／C

4歳児 なりきり忍者ごっこ

いるかな？

忍者ごっこが大人気。壁には、忍者修行の巻物を掲示。手裏剣の飾りを身につけ、てんぐをイメージした「てんぐけん玉」をつくってあそびます。／F

3～5歳児 本物そっくり！食アイテム

4歳児 キラキラ手づくりバッグ

ごっこあそびで使うバッグは、春の保護者交流会で、保護者が製作してくれたもの。子どもの好みがいかされ、お気に入りです。／D

野菜や魚、ケーキにおにぎりなど、まるで本物みたいなフェルト製の手づくりアイテム。牛乳パックの収納アイデアも◎。／L

19

子どもの興味から広がるあそび

5歳児 拾った石への興味から「磨く」「飾る」へ

拾った石を分類するケースをつくり、石の本も用意しました。

紙やすりも、目の粗いもの（1番）からなめらかなもの（10番）までそろえました。まずは、粗いもので削ります。

誕生石について表で知ります。きれいに削った石を指輪の台に載せて飾ります。

ココ！こだわりました

石を入れたり飾ったりするケース、紙やすりなど、子どもが興味・関心を示し「こうしたい！」「こういうものがほしい！」というイメージに、できるだけ近いものを用意しています。

石に興味をもった子どもは、いろいろな石を集め、形や色、手触りに注目しました。宝石は石を削ってつくることを知り、石を紙やすりで削ることに。／J

3〜5歳児 "ばね"に興味をもち、さまざまなバネを調べて、マップを作成

紙を折ったばね、ワイヤーをくるくる丸めたばねなど、いろいろなばねつくってみました。

紙で折る"ばね"から、身の回りにあるいろいろなバネに興味をもった子ども。調べたバネを、大きな地図にまとめました。子どもの顔写真を使うのもポイント。／Q

第1章 室内あそび

色が見える！

懐中電灯で照らすと、天井に描いた模様が映ります。

暗い箱の中で、懐中電灯で照らすと…きれいな光が見えます。

3～5歳児 星への興味から、"光"について研究

夜空の星から、光に興味をもった子どもたち。紙コップにラップを貼り、模様を描いて、懐中電灯で照らすあそびへ。／Q

5歳児 ひまわりの種は何個ある？

窓に貼った「むし けんきゅう しーと」。ダンゴムシの雄と雌の違いなど、子どもが調べた成果がずらり！

棚の上には飼育ケース。後ろのボードは、棚の背面に板を貼り、絵本などを立てられるよう工夫。

「ひまわりの種って何個あるの？」という疑問からはじまった活動。実際にひまわりの種を模造紙に1つずつ貼り、全部貼り終えて数えたら、760粒！／T

5歳児 虫博士の研究室

虫好きな子どもは、ダンゴムシやカタツムリ、カミキリムシ、テントウムシなど、数多く飼育。じっくり観察できるよう電子顕微鏡も用意。調べてわかったことを「むし けんきゅう しーと」にまとめています。／J

ブロック・積み木・パズル

5歳児　細かなブロックは、色ごとに分類

畳スペースで、小さなブロックに取り組む子どもたち。色ごとに半透明の容器に分類されたブロックを取り出してあそびます。／C

3〜5歳児　パズルは集中できる空間で

1人でじっくり取り組みたいパズルあそび。区切られた落ち着いた場所なら、じゃまされずじっくり。／C

3〜5歳児　積み木あそびは、ゆとりのあるスペースで

高く積み上げたり、横に広げたりする積み木あそびは、周りに人が少なく、スペースにも余裕があると安心。積み木が倒れても、安全ですね。／C

3〜5歳児　"つくっている途中"も保障する工夫

ブロックなど「まだつくっている途中だから、とっておきたい」。そんな子どもの思いも大切に。

棚の上に設けた、自分のマークが貼ってある色画用紙のスペースになら、置けます。／H

3〜5歳児　パズル収納の工夫

書類ケースに収納。パッと見てどのパズルかわかります。／I

100円ショップなどのファスナーケースに入れ、立てて収納。場所をとらず、出し入れもスムーズです。／D

子どもの顔写真と名前入りのカードをかけておくしくみ。／D

体を動かす あそび

第1章 室内あそび

 3歳児 **階段マットで、登ってすべって**

階段にマットを敷き、坂道を上り、すべり台の要領ですべってあそびます。外あそびができない場合にもおすすめ。／C

5歳児 **保育者のまねをしてチャレンジ**

窓に貼ったY字バランス、I字バランス、ブリッジ、足上げブリッジの写真をまねして、子どももチャレンジしています。／F

4歳児 **保育室内にバランスストーンを配置**

バランスストーンで道をつくり、島渡りのようにあそぶ子ども。だんだんと、スピードアップしていく様子も。／T

3〜5歳児 **ピクトグラム風ポーズをまねっこ**

廊下の壁に貼られたピクトグラム風のいろいろなポーズ。まねしてポーズをすると楽しく、またいい運動になります。／T

絵本

環境づくりのポイント

くつろいで落ち着ける場を

絵本を選んだら、ゆっくりとその世界に入って楽しみたいもの。じゅうたんやソファに座って、クッションなどを自由に使って、**気楽な体勢でページをめくれるようにしましょう。**ほかのあそびが目に入らない、静かな場だとなおいいですね。絵本を棚にギュウギュウに入れると、子どもが取りだしにくくなるので、ゆとりのある収納を心がけましょう。

表紙の魅力で誘う

絵本の表紙には、その絵本の伝えたいことがギュッと詰め込まれています。ですから、**表紙がその絵本の看板です。**「いらっしゃい、いらっしゃい、ぜひ手に取ってご覧ください」と誘っています。子どもはお客さんのように、「どれにしようかな？」と表紙をたっぷり見て楽しみます。気に入った絵本にすっと手を伸ばせるような環境を整えましょう。

製作あそびの発達の目安

- つかむ、振る、引っ張る、たたく
- 握る
- 指先でつまむ

1歳

* クレヨンなどでなぐり描き
* 小麦粉粘土
* キャップ落とし
* 型はめ

製作あそび

環境づくりのポイント

過程もできあがりも十分に楽しむ

手早くパパっとつくることより、ていねいに心を込めてつくることや、細部まで工夫をほどこせる取り組みを目指したいもの。安心して続きができるように、製作途中のものも展示すると、友達もできあがっていく過程を見て楽しみ、応援するようになるでしょう。つくりかけの作品にも名前やタイトルをつければ、創作の意欲も増してきます。

素材と道具を自分で選ぶ

つくりたくなる、描きたくなるには、きっかけがあるもの。美しい自然や素材を見たり、友達の作品に触れたりして、創作意欲がわく環境を整えましょう。「触ってみたい」「使ってみたい」「○○に使えそう」と、手を動かしながら、さまざまなイメージがふくらんだら、しめたもの。必要な分を取り出せる素材置き場、使ったらもとに戻せる道具置き場が、製作あそびの基地になるはずです。

- 指を自由に動かせる
- 自己主張が強まる

2歳
* ひも通し
* 絵の具あそび
* シールあそび
* ボタンかけ
* 洗濯ばさみあそび
* 丸を描く

- 色や形の区別がつく

3歳
* はじめてのはさみ（1回切りなど）
* 人物を描きはじめる
* 折り紙
* 絵カード
* クレヨンやマーカーなどで絵を描く

- 全身の運動機能が高まる
- 指先が細かく使えるようになる

4歳
* はさみでの長い直線や曲線を切る
* 自然物をあそびに取り入れる
* 友達とブロックや積み木あそび

- あそびに必要なものをつくる
- 文字への興味が高まる

5歳
* しりとりやかるた
* 立体物の製作や共同製作に挑戦する

絵本

展示や場の工夫で、絵本への興味を促す

ポイント
- 絵本への興味を誘う展示を工夫する
- 絵本の世界にひたれるくつろぎの空間づくり
- 絵本の魅力を保護者にも発信する

手に取りたくなる工夫を

1～2歳児　ウォールポケット＆ソファで

絵本を透明のウォールポケットに入れると、表紙が見やすく、出し入れもらくです。ソファとクッションを用意して、ゆったりと。／D

0～2歳児　「自分の絵本」がうれしい！

月刊絵本は一人ひとり収納して、自分のものとして読めるように。十分に親しんだあと、家庭に持ちかえって楽しんでもらいます。／N

1歳児　いすでもソファでも

テーブルには、子どもに人気の絵本が勢ぞろい！いすに座って読むのも、ソファでゆったり読むのも、子どものその日の気分次第。／L

0～2歳児　手すりを利用した絵本コーナー

折った段ボール板を廊下の手すりと壁の間に貼って、即席の絵本コーナーを設けました。／D

子どもの様子
廊下であそぶ際、通るたびに、絵本をじっと見て手に取る子どもたち。いつでも絵本が手に取れることで、絵本好きが加速します。

大人向けの本にも興味津々！ 〈3〜5歳児〉

世界や地球をテーマにした、大人向けの本を集めたコーナー。保育者が「おもしろい！」と感じた本は、意外と子どもにも大人気です。／Q

さまざまなスタイルの絵本コーナー 〈3〜5歳児〉

棚で区切り、ソファもある絵本コーナーは、落ち着いて絵本の世界にひたれます。図鑑が並ぶコーナーには、テーブルといすを用意。好みの場所で絵本を読んだり、話し合ったりしています。／Q

1人で座る？友達と座る？ 〈3〜5歳児〉

絵本を1人でじっくり読みたい子もいれば、友達といっしょに楽しみたい子もいます。そこで、絵本コーナーのソファには、1人用と3人用を用意。／K

持ち運べる絵本ボックス 〈1〜2歳児〉

段ボールとリメイクシートなどで手づくりした絵本ボックス。読み聞かせをする場所に持ち運べ、子どもが手に取りやすい高さです。／O

第1章 絵本

ルールと保護者向けの工夫

4〜5歳児 絵本を戻す際のルール

絵本をボックスに戻すときの注意を掲示。「せのじゅん」という文字の下に、背の低い絵本から高い絵本へというイラストがあります。／G

3〜5歳児 「絵本を大切に！」と子どもへの言葉かけ

絵本コーナーの横には、「えほんをたいせつに！きれいにかたづけよう！」と子どもへの言葉が。きれいに並べられた状態の絵本コーナーの写真もあり、わかりやすいですね。／I

図書館のようなシステム

保護者が絵本を借りる際の手間、そして3000冊もある絵本を管理する保育者の手間も考慮して、図書館のようなシステムを導入。借りるときも返すときも、絵本とICカードをピッとするだけです。／K

4〜5歳児 同じ色で、収納する場所を見分ける

絵本は、背表紙に貼られたビニールテープの色と、同じ色のビニールテープが貼られた棚に戻します。／E

保護者の様子
以前は図書カードに手書きで記入していたので時間がかかり、忙しいときは借りることをあきらめたことも。今は手間もかからず、借りる頻度が増えてました。

保育者の思い出の絵本、絵本係からの今月のおすすめ！

第1章 絵本

掲示板には、「せんせいのおもいでのいっさつ」と題して、保育者の思い出の絵本を展示し、そのエピソードも紹介。子どもも保護者も「次はどの先生かな？」と、毎回楽しみにしています。／K

絵本係が今月のおすすめ絵本を展示。絵本係はフリーの保育士が1年間担当し、各クラスで人気の絵本や発達に合わせた絵本、栄養士や看護師が伝えたいテーマの絵本などから集約して「えほんだより」としてまとめ、掲示板にも掲示します。／K

図書コーナー（えほんひろば）を活用

玄関の横に設けられた「えほんひろば」は、子どもたちが楽しむほか、お迎え時に親子で絵本を読む姿も。ゆくゆくは、地域交流の一環として地域への開放も考えています。／K

保護者向けに、子どもの病気やけが、食育に関する本なども用意。貸し出しもできます。

29

さまざまな絵本コーナー

屋根裏部屋のような穏やか空間

まるで屋根裏部屋のような落ち着いた空間。子どもも、ゆっくりと絵本に親しむことができます。／C

階段に座って絵本が楽しめる

ガラス張りで明るく開放的な図書室には、外部の階段と同じように階段が設けられています。選んだ絵本を階段に座って読むこともできます。／G

飾り&インテリアで雰囲気もアップ！

絵やかわいいグッズが壁を飾る絵本コーナー。中央のテーブル&いすがあることで、じっくりと絵本の世界に浸れる落ち着いた空間に。／T

大迫力の絵本コーナーには、絵本係の思いがいっぱい！

ホール横の開けた場所に設けられた「えほんコーナー」は、子どもはもちろん、保護者にも大人気！　かわいいイラストなども添えて、おすすめ絵本や季節の絵本が紹介されています。／S

製作あそび

つくりたくなる気持ちを刺激

ポイント
- 「つくりたい」「描いてみたい」のきっかけをつくる
- つくりたいときに、すぐ取り出せる
- 何度も、くり返せる安心感がある

第1章 製作あそび

いろいろな製作遊びの提案

4歳児　自然物を利用した製作

園庭に咲いている花やユーカリの葉を使った飾りを製作。植物の香りも楽しめます。／T

5歳児　デッサン用の対象物を用意した絵画指導

植物や野菜、置きものなどの対象物を用意し、しっかり見て描く環境づくりを。子どもは自由な姿勢で、集中して取り組んでいます。／F

3～5歳児　半戸外でのびのびと！

屋根のある広いテラスでは、透明ビニールを貼った製作コーナーを。ポスターカラーで大胆な絵の具あそびが展開できます。／T

3〜5歳児　試してみよう 混ぜたら何色になる？

透明容器に入った色水と絵の具。「混ぜたら何色になるかな？」という問いかけと、ヒントとして、青・赤・黄色の絵の具を混ぜたときの色が一覧になっています。／U

5歳児　子どもの思いから製作コーナーを設置

「笹をくれた地域の方にプレゼントをつくりたい」という子どもの思いを受け、コーナーを設置。つくりたい子が集まり、相談しながら進めています。／U

4歳児　興味をもったら、すぐつくれる設定に

台紙に切り込みを入れ、毛糸を巻いて飾りをつくることに。毛糸は扱いやすい長さにカットし、色別に用意。好きな色を選んではじめられます。／S

5歳児　ほうきをつくろう

ほうきが気になった子ども。木の枝に毛糸を巻いたり、飾りをつけてオリジナルのほうきをつくりました。掃除ごっこでも大活躍です。／U

夏の海をいろいろな技法で製作
3〜5歳児

海や海の生きもの、ビーチサンダルなどをいろいろな技法で製作した、共同製作です。／K

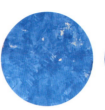
海は、絵の具を筆やローラーなどを使って塗る。

絵の具で自由に模様を描いた魚。

たこは、穴を開けて、スズランテープを通して足に。

はさみと大きな目が特徴的なカニ。

ビーチサンダルは、子どもの足形を取って貼る。

第1章 製作あそび

5歳児
見て、まねて、活動が広がる
園から見えるつり下げ式のモノレールが大好きな子どもが、牛乳パックで製作。完成したモノレールを飾ったら、興味をもつ子も増えて、2台目、3台目と、製作が進んでいます。／J

4〜5歳児
絵本を見て描く！
絵本に登場するロボットを描く子ども。見ながらまねして描くことも、お絵描き好きになる一歩です。／K

材料と道具収納の工夫

3〜5歳児 いろいろな材料は、まとめて収納

自然物や模造紙、毛糸、色画用紙、スズランテープなど、製作あそびの材料を1か所にまとめて収納。探しやすく、取り出しやすく考えられています。保育者といっしょに来て、必要なものを選んで持って行きます。／Q

- 麻ひもなど
- プチプチシート
- 封筒など
- 色画用紙は棚に
- 毛糸
- カラー模造紙は立てて収納
- どんぐりやまつぼっくりなど自然物
- スズランテープなど
- 引き出しには、カラーテープやクラフトテープ類

3〜5歳児 ひろびろ、製作コーナー

廊下の空きスペースにつくられた製作コーナー。大きなテーブルを中心に、周りに製作に使える材料を収納した棚を配置。子どもの様子を見ながら、コーナーづくりを考えて行く予定です。／J

牛乳パックは、口が開いたもの、切り取ったもので分類。牛乳パックで作ったバッグの見本を飾ると、つくってみたくなります。

「しぜんこーなー」には、どんぐりやまつぼっくりが。

「こんなものもつくれるよ！」コーナーには、アクセサリーや牛乳パックの車など、作品例を展示。製作のヒントを見つけたら、すぐ材料を選んではじめられます。

下段には、のりやはさみ、セロハンテープなどの道具を収納。

3〜5歳児 誰でも使える材料コーナー

毛糸は、段ボール板に巻いて収納。毛糸や布などは、保護者に声をかけると、あっという間に集まります。

廊下の突き当りに、材料コーナーを設置。半透明のケースや引き出しには、収納したものの写真を貼り、探しやすくしています。／D

紙袋 ／ **段ボール箱**

第1章 製作あそび

3〜5歳児 移動できるワゴン収納

のりやはさみ、テープ類など、材料と道具をすっきりと収納。ワゴンは、使う場所に移動できて便利です。／H

リボン ／ **紙テープ** ／ **ストロー** ／ **毛糸**

3〜5歳児 子どもも大人もわかりやすい収納

雑紙やトレー、紙の箱、プラスチック容器などは、大きな段ボール箱に収納。大きな字で材料名を記したのでわかりやすく、材料の仕分けもラクラク。／E

3〜5歳児 保育者が管理する材料の収納

保育者の打ち合わせルームにも製作あそびの材料を収納。春雨や寒天なども素材あそび用に用意しています。／O

3〜5歳児 塗り絵は見て選べる収納

塗り絵は、透明のウォールポケットに絵柄ごとに収納。選びやすく、なくなったらひと目でわかります。／C

35

3〜5歳児 全員分のはさみをまとめて収納

はさみは、空き箱を利用した収納ボックスに全員分を収納。必要な時に取り出します。／D

3〜5歳児 グループ別に収納

はさみなど、グループごとに収納。個別に取りに行かずに済むので、移動もスムーズになります。／L

4歳児クラス

5歳児クラス

取り出しやすい

4〜5歳児 子どもの使いやすさを考えて

色鉛筆の収納は、保育者が子どもの様子から、4歳児は横に倒して並べ、5歳児はペン立てに立てるスタイルにしました。／H

3〜5歳児 小さな物も見やすく収納

輪ゴムやビニールテープ、ふたなどの小物の収納には、廃材や100円ショップのグッズが大活躍。／U

3〜5歳児 動物のマークと、好物を組み合わせて

セロハンテープカッターには、うさぎ、ねこ、ぞうなどのマークを。使い終わったら、動物が好きな食べ物の場所へ戻します。あそび要素が加わると、片づけも楽しくできます。／G

5歳児 ペットボトルのスズランテープ入れ

ペットボトルを切り抜いてスズランテープを入れ、口からスズランテープを引き出して使います。取り出しやすく、からまないので便利。／F

子どもへの配慮

第1章 製作あそび

5歳児 つづきおきば

製作途中の作品を置いておける場所があると安心。友達の作品を見る機会にもなります。／F

3〜5歳児 製作途中の作品用の棚

材料の分量を変えてスライムづくりに挑戦中。翌日まで棚に置いておきます。並べて置けることで、色の美しさや日による様子の変化にも気づくことがあります。塗った絵の具が乾くまで置いておくことも。／P

4歳児 かさばらない製作物の収納ポケット

明日またつくるよ！

色画用紙でつくったポケットには、製作途中の作品を入れておくためのもの。名前が書いてあるので、間違えずに安心。／S

子どもとあそぶ前の試作もしっかり

職員用の冷蔵庫には寒天あそびの試作がぎっしり！ 子どもとあそぶ前に、寒天の硬さや色味をいろいろ試しています。／O

2〜3歳児 子どもの苦手にも配慮を

ここに貼ろう

のりを使った製作をする際には、手拭きの用意を。のりで手が汚れるのが苦手な子も、すぐに拭けるとわかると、安心して取り組めます。／C

子どもの作品 飾り方アイデア

子どもの作品の飾り方に悩んでいませんか？ 窓に貼る、つるして飾る、小物を使うなど、いろいろな飾り方アイデアを紹介します。目で楽しめるだけでなく、子どもも自信がもて、友達の作品も刺激になります。

子どもの製作風景の写真といっしょに

絵の具で色を塗り、切った色画用紙を貼ったアジサイの花は、製作する子どもの写真といっしょに飾ります。アジサイの花も添えて。／D

クラスが、おばけ一色に

大人気のおばけの絵本をモチーフに、紙粘土でおばけを製作。クラスの入り口に絵本も飾り、入り口の扉にも、画用紙で作ったおばけをユーモラスに貼りました。／J

廊下の空間をいかして飾る

絵本の「はらぺこあおむし」が大好きな子どもの作品を、廊下の壁にジグザグにつって飾りました。裏側には、あおむしの卵があり、画用紙をめくると、あおむしが登場。／H

大きな木に、季節の花を使った飾りを

廊下の壁に設置された大きな木は、木製のダボがついていて、作品をぶら下げて飾れるタイプのもの。31ページで紹介した自然物でつくった花を飾ります。／T

第1章 製作あそび

窓に貼って光を楽しむ
プラネタリウムに興味があるなかで、黒い画用紙に、点々と穴を開けて模様を描きました。窓に貼ると、穴から光がさし、模様が見えます。／Q

木の枝と麻ひもでつって飾る
天井から木の枝をつり、子どもの写真と作品をぶら下げて飾ります。風にゆらゆら揺れるとんぼの様子も楽しめます。／B

夏らしさを演出
すだれを利用し、子どものつくったサンダルを飾りました。製作中の子どもの様子も紹介すると、保護者もより楽しく見られます。／B

きれいな花火

子どもの製作を花火に見立てて
子どもが楽しんだ絵の具の塗りたくりをした紙を丸く切り取り、花火に見立てました。キラキラテープをくるくると貼ると、ヒューンと上がった花火のよう。子どもたちの動きのある写真もプラス。／H

パン&ジャムをパン屋さん風に

食パン形の紙に子どもたちが好きな色を塗りジャムに見立てて、窓ガラスに貼って展示。パン屋さん風の屋根とイラストで、雰囲気が出ます。／M

染め紙で、壁面製作を
染め紙でつくった花とちょうちょうを、花畑に舞うちょうちょうのイメージで壁面飾りに。花の中心には綿棒を使い、ストローを茎に。／U

2歳児が絵の具を選んでつくった虹
絵の具を1人2色選び、手で塗りたくり、手形をつけながら製作しました。右下のマークは、どの色をどの子が選んだのか、子どものマークで記しています。／T

屋外あそび

環境づくりのポイント

探索したくなる

アスレチックやツリーハウス、トンネルなどを見ると、「登ってみたい」「入ってみたい」と思いますよね。「中はどうなっているのかな？」「上まで登ってみたいな」とムクムクと探索意欲がわきます。少し難しくても、ハシゴやロープ登りにチャレンジしたくなります。

身近にあるだけで活動に誘うきっかけになったり、好奇心や満足感を満たしてくれたりするような環境を整えたいものです。

全力で運動を楽しむ

子どもは広い場所に出ると、自然に走り出しますね。追いかけると、全力で逃げます。決して手を抜きません。そして、全力を出すと楽しいことを知っています。

そうやって全力を出しているうちに、だんだん速く走れるようになることや、何度もぶら下がっている間にうんていが渡れるようになることに気づき、自信をもちます。全力を出して活動できる場をつくっていきましょう。

運動機能の発達の目安

6か月	1歳	1歳6か月	2歳
●寝返り ●おすわり ●はいはい ●つかまり立ち	●一人で立つ ●一人で歩き始める	●歩行が安定する ●走りはじめる ●しゃがむ、またぐ	●歩く速さを調節できる ●階段の上り下りをする ●両足で跳ぶ ●下手投げをする

日差しや風を感じる

見上げれば空。青空に白い雲がぽっかり浮かぶ日もあれば、灰色の雲に覆われている日もあります。太陽がギラギラと照りつける日は木陰が涼しく、お日様が全く見えない日は、日なたが暖かいと感じることもあるでしょう。爽やかな風が心地よく感じられることも。疲れたときや悲しくなったときも、ゆったりと座って風に吹かれ、自分で気持ちを癒やし、立て直せる場があるといいですね。

五感を働かせる

天気により、温度も湿度も変化します。雨上がりの園庭は、緑が濃く見えますね。雨のにおい、花の香り、木にもそれぞれの香りがあります。タイヤがぶつかる音、ブランコが揺れる音など、時には耳を澄まして聞いてみましょう。木製遊具の手ざわりや、砂や泥の感触も味わいましょう。

保育者の言葉かけがあると、子どもは意識して五感を使い始めます。子どもの豊かな感性を感じたら、それを取り上げ、他の子どもたちへも伝えていきましょう。

- 歩く、走る、跳ぶ動作が安定する
- つま先、かかと歩きができる
- 遊具あそびが活発になる
- 三輪車をこぐ

- ダイナミックな動作ができる
- 全身のバランス力が整う
- 集団あそびをする

- 友達と積極的に関わる
- 運動能力の基礎が完成する
- 自転車に乗る
- 手指を器用に使える

3歳 → **4歳** → **5歳** →

屋外あそび

のびのびと体を動かしてあそぶ

ポイント
- 発達に合わせて体を動かしてあそべる工夫
- 「やってみたい」気持ちを刺激する
- 友達といっしょに、友達のまねをして楽しめる場をつくる

園庭遊具であそぶ

長〜いトンネル！
スクーターに乗ったままでも通れる！少しドキドキする空間。／G

丈夫で安全！ タイヤのブランコ
タイヤを再利用したブランコは、くるくる回る動きも楽しく、子どもたちに大人気。ブランコのほか、園庭の木製遊具はすべて、専門の業者に依頼したもので、楽しさと安全性を両立しています。／S

スピード防止に、柱を設置
木製遊具の2階にある長い通路は、ついスピードを出してしまいがち。そこで、中間地点などに後付けで柱を設置。走らずにあそべるようになりました。／S

窓のある四角い箱型遊具
四角い箱型の遊具には、四角や丸など、いろいろな形の窓が開いています。かくれんぼやおうちごっこ、ちょっと休みたいときなど、さまざまな用途で使われています。／S

スペースを有効に活用

限られたスペースでも、子どもたちの「したい！」あそびが楽しめる空間づくりを実現。空間を仕切ってコーナーを増やしつつ、柵の向こうの友達の様子がわかるので、同じ空間を共有する安心感も得られます。／A

冷たくて気持ちいい！

すぐ使える！ ドッジボールコート

ロープを埋め込んでつくったドッジボールのコート。ライン引きの手間がなく、すぐドッジボールがはじめられます。／M

鉄棒の下には踏み台を！

ぼくもとどくよ！

鉄棒の下には踏み台を設置して、挑戦する子どもたちをサポート。必要な場所に移動させて使えます。／M

大きな木を利用したツリーハウス

棒を登って上がるツリーハウスは、あこがれの的です。／B

ツリーハウスの反対側にある石の階段と木製の坂道は、小さい子も楽しめる場所。

第1章 屋外あそび

43

園庭の工夫

緑&ミストで熱中症対策を

砂場の上には植物で日影をつくりました。広い園庭で存分に楽しめるよう、ミストが出る装置を園庭に張り巡らし、熱中症対策をしています。／I

園庭に小川を

緑あふれる園庭には、小川のようなビオトープがあります。子どもたちが「何がいるかな？」と、いつも目を凝らします。／I

遊具の色にもこだわり

木々の多い園庭になじむよう、大型の遊具も緑色のものを選びました。／Q

どこでも"水あそび"ができる

園庭には、水がたっぷり入ったタンクを設置。蛇口をひねれば、その場で水あそびができます。／B

シャワー➡デッキ➡保育室の動線

保育室に続くデッキの横にシャワーを設置。外あそびを楽しんだあと、シャワーで汚れを落として戻ります。子どもにも保育者にもうれしい動線です。／I

０・１・２歳児専用の園庭

２階にある０・１・２歳児専用の園庭には、砂場や遊具を設置。走り回れるスペースもあるので、十分に体を動かせます。夏場はシートで日影を。／I

第1章 屋外あそび

屋上の園庭スペースには、芝生の築山を設置。三輪車置き場の前の床は、ゆるく傾斜をつけているので、三輪車を漕がなくてもスーッと走り出すしくみ。小さな子も楽しめます。／O

屋上を利用した園庭

ちょっとひと息

ちょっと休憩スポット

あそび疲れたら、木のベンチでちょっと休憩。ゆったりできるスペースです。／J

おもちゃや道具

砂場あそびグッズが大集合

スコップやボウル、ざる、シャベル、雨どいのパイプなど、砂場あそび用の道具がずらり！子どもたちの「やってみたい！」がかないます。／G

- 缶の箱
- プラスチックケース
- 雨どいのパイプ
- シャベル
- ボウルやざる
- 持ち手の長いスコップ
- スコップ

缶ぽっくりと一本歯のげた

缶ぽっくりや一本歯のげたは、バランス感覚を養い、体幹をきたえる効果もあるといわれます。タオルかけにひっかけて収納。／G

大小サイズのフープ

フープは回してあそぶほか、おうちになったり島になったり、ケンケンパにも使えます。／S

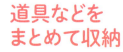

道具などをまとめて収納

シャボン玉やすりこぎ、すり鉢、じょうごなど、外あそびで使う道具は、テラスの棚に収納。写真が貼ってあるので、取り出して戻すのもラクラクです。／T

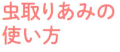

虫取りあみの使い方

5歳児クラスで話し合い、「むしとりあみ」のルールを作成。使ったら元の場所へ戻す、虫ではないものを入れない、大切に使うことを年下の子どもたちにも伝えています。／J

木や植物も

実のなる木を身近に

園庭に実のなる木があると、花が咲いたり、実がなったときの様子を観察したり、香りを楽しんだり、五感を使ってふれあえます。／I

アンズの木

ナツグミの木

デコポンの木

アサガオのトンネル

園庭に園芸用の支柱とネットを張り、アサガオのトンネルをつくりました。プランターで育てたアサガオのつるが伸びてく様子を楽しみながら、トンネルの下をくぐってあそびます。／J

ユーカリの木とハーブを植えて

園庭の一角に植えられた、ユーカリの木と、ローズマリーなどのハーブ。香りを楽しんだり、製作あそびに活用したりして、子どもたちの目と鼻を楽しませてくれます。／T

いい香り！

第1章 屋外あそび

自然とふれあう
環境づくりのポイント

小さな生きものと出会う

アリ、ダンゴムシ、バッタ、トンボなど、目を凝らしてみると、いろいろなところに虫たちがいます。ミミズやカエルにも出会えるかもしれません。どんな動きをするのか、おもしろがって観察できるといいですね。

保育者がそれらを発見したことを喜び、ともにおもしろがると、子どももさらに興味をもつでしょう。

図鑑などをさりげなく置き、調べたり飼ったりすることへつなげてもいいですね。

木陰や木漏れ日を感じる

暑い日でも木陰に入ると涼しく感じ、ホッとするものです。葉と葉の間から注ぐ光が地面に落ち、風が枝を揺らすと、その形も変化します。

園に豊富な自然がなかったとしても、近隣の公園や街路樹、鉢植えの観葉植物などを上手に利用しましょう。季節により、木々の色や葉の色も違う表情を見せます。その変化を言葉でも語り合いながら、ともに味わいましょう。

花や野菜を育てる

　花だんには、いつも花が咲いているように思いがちですが、自分で種を植えて水やりをすると、植物の成長に気づくことができます。芽が出る喜び、つぼみが開くワクワクも感じられますね。
　野菜が苦手な子どもも、野菜を育ててみることで愛着がわき、食べられるようになることもあります。植物にも命があることを実感できるでしょう。収穫した野菜は、みんなで味わいたいものです。

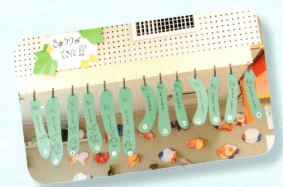

砂、泥、水を体感する

　サラサラの砂は、触るだけでもいい気持ちです。砂に水をかけると、色が黒っぽくなり固まることを、子どもは体験から学びます。土に水を混ぜるとドロドロになります。このときのねっとりとした感触も、心地いいものです。
　砂や泥であそぶ際は、汚れを気にせず、存分に泥と関われるといいですね。そうすることで、心を解き放ち、泥と一体になる気分が味わえます。赤土もあれば、さらに粘土感覚で感触あそびが楽しめます。

自然とふれあう　季節の変化を感じながら

ポイント
- 自然をいかした空間づくり
- 五感を働かせて、全身で楽しむ
- 植物や生き物ともふれあえる場をつくる

ダイナミックに体を動かす

運動機能や考える力を育む

園舎の裏の森につくられた、本格的なアスレチック。腕を伸ばしてつかみ、足を上げるなど、筋力やバランス感覚、さらに、登るルートを慎重に見極める力も育まれます。／J

手や足をかける位置も、しっかり見て進みます。5歳児の誇らしげな様子も。

がけ登りに挑戦

岩の上に木の根がはる道を登る「がけ登り」。上まで登りきると、見晴らしのよい景色が楽しめます。／J

ハラハラ坂道下り

傾斜のきつい坂道には、手すりをつけて網を敷きました。友達の手も借りながら、木の枝も使いながら、えい！／J

第1章 自然とふれあう

 ロープを使った あそび場を設置

体をさまざまに動かしてあそびます。下に寝そべって見上げても気持ちいい！／G

親子で製作した木製BOX

保護者の会の提案でつくられた木製のBOXは、親子でペイントした力作。おうちごっこにも最適です。／G

竹や木が遊具になる

使われていなかった裏山を整備して「どんぐり山」と名づけました。真夏以外は、毎日子どもたちが訪れる、お気に入りの場所です。／B

ココ！こだわりました

長年放置され、うっそうとしていた裏山。「子どもたちがのびのびと自然のなかで安全に遊べる場所をつくりたい」という思いから、保護者の協力も得て整備しました。都市化が進むなかで、自然のなかであそぶ体験を大切にしたいと思っています。

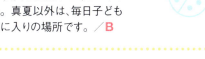

倒木もあそび道具に

切り倒した木を置いたら、自然に木の上を歩くあそびが生まれました。バランスをとりながら順番に渡って楽しみます。

ロープ渡り

竹にロープを上下2本結ぶだけで、ロープ渡りができます。

竹登り

竹をスイスイ登る子ども。つるつる滑るので、靴下を脱いで挑戦します。

51

砂や土、虫などと ふれあう

大好きな泥あそびを存分に

園庭ではじまった泥あそび。ホースやたらいも用意して、それぞれが泥あそびを堪能します。／I

ドロドロの水たまりで、バシャバシャするのは最高に楽しい経験。存分にできるのがうれしいですね。

いろいろな場で虫とり

虫とり網を持って散策中の子どもたち。裏山には、大きな木や落ち葉が積もったところもあり、どんな虫がいるのか、探索も楽しめます。／G

木の柵のところで虫を発見！ 木や草の多い園庭ならではの光景です。

第 1 章 自然とふれあう

野鳥用の巣箱

ビオトープにトンボ
園庭の一角に作られたビオトープ。飛んできたトンボを見つけ、手をさし出す子ども。／S

裏山の枯れた木を利用して、野鳥用の巣箱を設置。いろいろな種類の鳥が訪れますが、この前はキツツキの姿も見られました。／J

園で見つけた虫や花
園庭や畑で見つけた虫や花を写真に撮り、模造紙にまとめました。ほかの子が見つけるヒントにもなります。／S

野菜や植物を育てる

落ち葉を発酵させてつくるたい肥は、畑や園庭の土壌に混ぜて使います。落ち葉がごみにならず、土壌も豊かになり、一石二鳥です。

日当たりのいい屋上を畑に

園舎2階の屋上に土を入れてつくった畑では、キュウリやトウモロコシなどの夏野菜を栽培。水やりなどのお世話や収穫を体験します。できた野菜は子どもたちが園で食べたり、持ち帰ったりします。／G

コンテナで稲を栽培

園庭に置かれたプラスチックのコンテナでは、稲を栽培。生長を間近に見ることができます。／I

畑で花を育てる体験を

園庭の一角につくった畑に、花の苗を植えます。自分の手で育てることで、愛着もわいてきます。／I

手づくりの鉢で栽培中

ペットボトルを切ってつくった鉢を園庭の柵に固定。子どもたちがコスモスを育てています。／M

夏野菜の観察 & 収穫

キュウリやトウモロコシなど、畑で育てている野菜を観察し、絵に描いて記録。子どもたちの言葉を保育者が記しています。／S

第 1 章 自然とふれあう

畑ニュースは、まとめて掲示

窓に畑の様子を掲示。子どもに人気の「畑」がテーマの絵本もいっしょに置きます。／F

子どもの様子

アジサイをドライフラワーにしたことで、「畑で育てたキュウリも乾燥させたらどうなるの？」と考え、挑戦しました。好奇心が育まれています。

栽培の様子や子どものつぶやきを

田んぼで、子どもたちのしごとや稲の様子を記し、子どものつぶやきもていねいにまとめました。／F

収穫した本数 & 食べ方を紹介

収穫したキュウリを色画用紙で作ったキュウリで表現。さらに、そのまま塩をつけて、塩とマヨネーズで、お漬物にして…と、みんなでおいしく食べた様子も伝わってきます。／U

55

生きものとふれあう

この草は好きかな？

ウナギの赤ちゃん！

この草、おいしい？
ヤギに草をあげます。「ヤギさんが好きな草はどれかな？」と探す子どもたち。他者への思いやりの気持ちも育まれています。／F

気持ちが落ち着く水槽
水槽は眺めているだけでも癒やし効果が抜群。右の水槽には金魚とドジョウが、左の水槽には、ウナギの赤ちゃんが！ 珍しい生きものに、子どもはもちろん、大人も夢中です。／H

ココ！こだわりました

保育室の入り口に、今、クラスで夢中になっているものを展示。ほかのクラスの子が「なんだろう？」と興味をもってたずねたり、保護者が「この前話してくれたのは、このことだったんだ」と気づいたりして、コミュニケーションの一環にもなります。

クラスの"今"がわかる
保育室の入り口前に飾っているのは、子どもたちが今興味をもっているもの。飼育ケースのなかには、カタツムリ、テントウムシ、アシダカグモなど。子どもたち手づくりのお世話カレンダーもあります。／J

ニワトリとウサギの当番活動

ウサギとニワトリの絵がついた当番マーク。洗濯ばさみを利用して、当番の子のロッカーにつけて知らせます。

飼育している、ウサギとニワトリのえさやりは当番制。お世話に慣れた子どもたちは、ニワトリをだっこするのも上手。／G

当番の子はホワイトボードに、その日のえさのカードを貼り、どんな様子で食べたのかを保育者に伝え、書き込んでもらいます。

ダンゴムシの飼育当番

園庭などで見つけたダンゴムシを飼育中のクラス。当番の子は、「ごはんこうかん」「うんちをとる」「しゅっしゅっ（霧吹き）」を担当します。写真カードの裏にマグネットを貼り、ホワイトボードに貼ります。／J

カメのおうちには、芝生の山を

カメのうちは、プラスチックの大型衣装ケース。植木鉢の上に人工芝の2階をつくり、ひなたぼっこができるようにしました。／U

第1章 自然とふれあう

57

飼育環境の工夫

アゲハチョウを飼育
子どもが幼虫から育てたアゲハチョウのケージは、100円ショップのランドリーバスケットで代用。飛んでいる様子もしっかり見ることができます。／U

関わり方を繰り返し伝える
まだ生きものと関わることに慣れていない子どもには、「そっとさわろうね」と繰り返し声をかけます。カメにさわりたい子が多いときは、タライなどに入れて。／B

水槽のそばにメダカの記事を
メダカの水槽のそばに、メダカの生態を解説した本のコピーを掲示。興味をもった子どもが、どんどん調べたくなります。／U

カイコのケースに止まり木を
カイコ用の虫かごを見ながら、「止まり木をつくってあげよう」と考えた子ども。材料を探しながら、ストローを発見。切って組み合わせてつくりました。／U

第2章
子どもが主体的に生活できる環境づくり

登降園時

食事

排泄・着脱

清潔

伝達

共有スペース

登降園時

環境づくりのポイント

朝の準備がわかりやすい!

持ちものの始末が身につくまでは、絵カードなどを使って導くといいですね。「まだ終わらない」と捉えるのではなく、「1番クリア! 2番クリア! 次は3番です」と、現在地を子どもが把握できるような声をかけましょう。

まずは、自分のマークに愛着をもち、それぞれの場所を覚えることからはじまります。「○○ちゃんの隣だ!」と近くの友達にも目が向けられるといいですね。「●●であそぼう!」と思えることがイキイキと準備をするきっかけにもなります。

玄関は園の顔

玄関に入ると、その園の雰囲気や子どもの様子がわかるものです。園で大切にしていることも伝わってきます。訪れる人の印象に残る場所だからこそ、季節ごとにあしらいを変えながら、ウェルカムの気持ちで整えましょう。

また、まだ園に慣れていなくて入りづらい子どものためにも、小動物や水槽、絵本コーナーを設けるという配慮もすてきですね。保育者や保護者の特技や趣味などがわかるコーナーがあると、お迎え時の会話も広がるでしょう。

出したり隠したり、自由自在

雑多なものが常に見える状態にあると、保育室はごちゃごちゃした印象になります。集めた連絡帳などは、棚に入れたり布をかけたりして目立たないようにするといいですね。

「朝の準備」を示した絵カードは、年間を通して掲示する必要はありません。ある程度、確認せずにできるようになったら、忘れた子どもに対して、そのつど出して見せるようにしましょう。

いろいろなものが、今、必要かどうかを常にチェックして、すっきりとした空間をつくりたいものです。

持ち帰るものやお知らせが、一目瞭然

夕方のお迎え時、保護者は帰宅後にすることを思い浮かべて、早く園を出たいと思っています。ですから、持ち帰るものやお知らせがすぐにわかるとありがたいもの。なるべき1か所にまとめ、見ればすべてがわかるようにできるといいですね。「保育者に声をかけてください」マークなどをクリップでつけておくと、伝言を忘れることを防げます。

また、保護者が保育室を横断して、子どものあそびを妨げることがないよう、動線にも配慮が必要です。

登降園時

子どもも保護者もわかりやすい

ポイント
- 玄関は、明るく清潔感のある空間にする
- 朝や帰りの支度が、迷わずできる

明るく迎えてくれる玄関

おしゃれな飾りと花も気分をあげてくれます。

明るく開放的な空間

慌ただしい朝や、ちょっと疲れたお迎えの時間、子どもと保護者を気持ちよく迎えてくれます。／T

子どもの絵が歓迎！

ガラスの扉には、子どもが描いた夏祭りの絵が！目にするたび、元気が湧いてきます。／B

かわいい手作り雑貨を飾って

玄関を入ってすぐに見えるかわいい動物たち。胴体にお手玉を使っているので、座った姿勢が安定。登園をしぶる子どもを優しくなだめてくれます。／R

水槽を眺めてリフレッシュ

玄関の一角にある水槽。お迎えに来た保護者の疲れを癒やし、気持ちを切り替えてほしい、という思いから設置されました。子どもにも人気です。／Q

第2章 登降園時

雨の日でも安心

ベビーカー置き場を屋内に設けているので、雨の日でもへっちゃら。ここで準備できたら、左の玄関ドアから入ります。／O

ココ！こだわりました

屋内にベビーカー置き場があることで、保護者も慌てずに準備ができます。また、静かな住宅街にある園なので、まわりへの騒音や通行の妨げにならないよう配慮しています。

登降園時は、タブレットやICカードで打刻

コロナ禍を経て一気に導入が進んだ、登降園時の管理システム。タブレットやICカードなどを使って、登降園の打刻をします。

打刻する際のルールも掲示しています。／N

玄関を入ってすぐの場所にタブレットを設置。／E

ICカードをピッとして打刻するシステム。使い方も横に掲示しています。／K

連絡帳のファイルにカードポケットを

連絡帳のファイルにICカードを入れるポケットがあるので、なくす心配もありません。／K

こんな工夫も

QRコードでアンケート

アンケート用紙を配布し、書き込んでもらう形から、QRコードを読み込んで、アンケートに答えてもらうシステムに変更している園もあります。回収箱の設置や集計の手間なども減り、効率化につながります。

朝と帰りの準備

0〜2歳児 すぐ目に入る場所に

玄関を入ってすぐの場所に、おたよりなどを入れるウォールポケットを設置。インテリアになじむ優しい色合いです。／A

0〜2歳児 汚れ物のお知らせ

お迎え時に保護者にチェックしてもらうためのウォールポケット。汚れ物があったら、「トイレに汚れ物がかかってます」カードをつけ、持ち帰りをお願いします。／H

トイレの壁に汚れ物用のビニール袋を設置。

0〜1歳児 効率的な収納アイデア

上の棚には、バッグやヘルメットなどを収納。下の棚は着替えを入れるスペース。上下段とも、3人分で1列です。下の棚は、手前(廊下)と向こう(保育室)の双方から出し入れできます。／O

0〜1歳児 連絡帳入れ

100円ショップのかごと仕切りを利用した連絡帳入れ。その日のページを開いて入れてもらうと、確認もスムーズです。／M

第2章 登降園時

4歳児 朝と帰りの支度の動線

朝と帰りの支度が一目でわかるように、絵と文字で順番を記しました。上履きを履いたり、コップを取り出したりが座ってできるようゴザを敷きました。／S

3〜5歳児 朝の準備をシンプルに

入り口の横に「あさのじゅんび」を文字とイラストで示したものを掲示。横に連絡帳を入れるコーナーを設け、自分でシールを貼ったら自分の場所に入れます。／M

4歳児 写真でしまい方を伝える

朝の準備を写真で示します。リュックと手提げバッグの入れ方も写真があると棚がぐちゃぐちゃになりません。コップも、コップ置き場の写真があるので、安心ですね。／S

食事

環境づくりのポイント

安心して食事を楽しめる

家庭で、毎日食卓の席が移動することはありませんよね。園でもいつも決まった席で、親しみのある保育者の笑顔を見ながら食べることで、子どもは安定します。体がグラグラしないように足置き場などの用意、こぼしても気にならないエプロンなど、グッズの工夫や取り出しやすさもポイントです。他園のアイデアも取り入れて、安心できる環境をつくりましょう。

みんなで気持ちよく味わうために

ご飯と汁ものの置き方が、まちまちの家庭もあるかもしれません。でも、お茶碗や皿にも指定席があることを伝え、バランスのよい食事の基本としましょう。箸にも指定席があります。器に箸を乗せる「渡し箸」や、器の中の料理を箸でかき回す「探り箸」などの「嫌い箸」をしないよう知らせていきましょう。園での作法は家庭にも波及し、よい習慣となるはずです。

食事の発達の目安

離乳食開始

- なめらかにすりつぶした状態
- 舌でつぶせる固さ
- 歯ぐきでつぶせる固さ

| 5〜6か月 | 7〜8か月 | 9〜11か月 |

主体的な生活が基盤に

食事は食べさせられるものではなく、自ら選んで主体的に食べるもの。準備も自分たちの手でしたいですよね。小さい子の世話も含め、5歳児にとっては配膳などの役割を担い達成感を味わえる、貴重な経験となります。

また、当番になって食事について調べたり、みんなに伝えたりすることで、より食材に親しみをもてるでしょう。苦手なものも、味わううちに食べられるようになるかもしれません。

食で世界を広げる

カレーはインドの食べもの、パスタはイタリアの食べものなど、その料理が生まれた国について知ると、世界へ目をむけることにつながりますね。また、目の前の野菜がどこでとれたものかがわかれば、さまざまな地域を知ることにもなります。自分たちで梅干しや味噌をつくる体験も、今まで知らなかったことを知る経験ですね。ちょっとしたきっかけから、子どもの世界を広げられるよう工夫してみましょう。

離乳食完了

1歳	2歳	3歳	4歳	5歳
●スプーンで容易に切れるやわらか煮 ●手づかみやスプーンを使い、自分で食べようとする	●スプーンを正しく持てるようになる	●箸を使いはじめる ●食事の好みがはっきりしてくる ●自立食べが完成	●箸だけで食事ができる	●食事の楽しさを実感する ●調理の手伝いなどへの興味が高まる

食事 　0・1・2歳児　安心して食事を楽しめる環境

ポイント
- 保育者の人数やテーブルの配置などに気を配る
- 発達に合わせた食事や食具の提供
- 食事に集中できる体勢をつくる

食事に集中できる工夫

1歳児　子どもと保育者が向かい合う配置

テーブルを半円のようなレイアウトにして、子どもは外側に保育者が内側に座ります。正面で向き合うため、子どもとしっかり目を合わせ、表情や口の中を確かめながら食事が進められます。／C

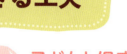

0〜2歳児　食事用エプロンは園オリジナル

子ども用のエプロンはクリップでつけ外しができ、洗濯が楽です。子どもは、席に座りエプロンをつけ、配膳を待ちます。／A

1〜2歳児　腕に通すひも付きのエプロン

食事用エプロンに、腕を通すひもをつけたアイデア。子どもが動いても、エプロンがはずれません。／H

座る姿勢をサポート

足用の台を置くと、体が安定し食事に集中できます。いすが大きすぎる場合には、幅を調整するクッションを置くと上半身も安定します。／I

足台やクッション、エプロン、手拭きなどをテーブルごとにまとめておくと、配膳がスムーズです。

> 足がしっかり乗る、足用のクッション。

> いすの幅を調整するクッションは、牛乳パックで。ソフト積み木を利用してもOK。

> 同じテーブルに座る子どものエプロンや手拭きを1セットずつかごに入れて準備。

第2章 食事

お風呂マットを活用

お風呂マットを足台と、座面のクッションに使用。必要なサイズに切り、高さが必要なら重ねて使います。／R

足台にマークを

足台に足形をつけました。パッと見て、使い方が伝わります。／M

エプロンなどの収納アイデア

空き箱を利用した収納。仕切りをつけ、3人分ずつ収納します。絵柄も見えるので、子どもにも見つけられます。／L

タオルやエプロンをくるくる巻き、子どもの写真付きのクリップで止め、かごに収納します。／Q

子どもの写真をプラスチックケースや空き箱に貼り、エプロンやタオルを収納。キャスター付きなのでテーブルまで移動して使えます。／B

食事 3・4・5歳児 当番活動 マナーを身につける

ポイント
- 食事のマナーを知り、身につける
- 保育者や友達と楽しく食べる
- 当番活動など、役割分担をする

当番活動

5歳児 食卓の準備は5歳児が担当

給食の当番は、手拭きタオルをテーブルに置き、お茶用のコップを配るなど、準備をします。
／I

5歳児 給食の配膳は当番制

5歳児クラスの当番が給食をよそう担当。食べたい量を伝え、順番によそってもらいます。
／B

5歳児が3歳児と手をつないで

給食の準備ができたら、5歳児のお兄さん・お姉さんが、3歳児の子どもと手をつないで、ランチルームへ向かいます。
／I

70

マナーを身につける

置く場所がわかる、配膳マット

ご飯、汁もの、おかずを置く位置を示した配膳マット。／H

第2章 食事

3歳児

テーブルに配膳マットを敷き、位置に合わせて、ご飯、汁もの、おかずを置きます。くり返し使ううちに位置を覚えられます。

4歳児

配膳の位置を覚えたら、お気に入りのランチョンマットを敷いて食べます。

5歳児

食べたい量を自分で！

5歳児クラスは、バイキング形式で食べたい量を自分でよそいます。苦手だからと量が少なすぎると、友達から指摘されることも。／H

3～5歳児

食事アイテムをまとめて収納

テーブルクロスやテーブル拭き、保育者のエプロン、雑巾など、食事の際に必要な物を1か所にまとめました。探す手間がなく、便利です。／Q

食事 — 食への興味を促すアイデア

ポイント
- さまざまな食材への興味を促す
- クッキングなど、つくることに挑戦する
- 食育を日常の活動のなかに取り入れる

食べる・つくる

おはなしメニュー

毎月1回、絵本に出てくるメニューが登場する「おはなしメニュー」の日、今回は『ふーふーふー』(作・絵/かしわらあきお、ひかりのくに)の中にあるカレーおばけです。/K

手づくり味噌に挑戦

去年仕込んだ「ひだまりじるしのみそ」。味噌づくりに取り組んだ子どもの写真入りラベルを貼りました。/Q

梅干しづくりのドキュメンテーション

3、4、5歳児で、梅干しをつくりました。梅のヘタを取り、塩漬けして、赤く染めるための赤じそを入れ、梅干しを干し、できあがるまでの工程を、写真入りのドキュメンテーションにまとめました。/J

第2章 食事

においも楽しめる給食室

大きな窓から調理の様子が見えるオープンな給食室。おいしいにおいに、子どもも誘われ、集まってきます。／M

メニューや食材の産地を紹介

給食室の前には、当日のメニューや、今月の食材の産地を示す地図などを飾ります。メニューの下の所にクイズを出題。食材への興味もわいてきます。／Q

食事の際のお知らせ

「時計の針が7になったらおかわりOK」「10になったらごちそうさまをするよ」と食事のルールは時計といっしょに示します。時計は、針の色がはっきり見やすいものがおすすめ。／H

3色食品群の掲示例

3色に分類される主な食材の絵を入れ、壁に掲示します。／E

当番が「きょうのこんだて」から、使われた食材を3色のそれぞれのスペースに貼ります。玄関に掲示するので、保護者も確認できます。／D

ホワイトボードに、3つのパワーに分類した食材を貼ります。食材は裏にマグネットを貼りつけ外し可。／Q

73

排泄

環境づくりのポイント

親しみがもて落ち着ける

体が緊張していると、おしっこは出ません。ホッとリラックスできると、自然に膀胱筋がコントロールされます。トイレの便器などに、子どもの好きなキャラクターを貼るのも工夫のひとつです。便座や足が冷たいのも不快の要因。においにも気をつけたいものです。順番を待つ場、ズボンを脱ぐ場、手洗い場などの動線を考え、快適に過ごせるよう知恵をしぼりましょう。

プライバシーが守られる

友達の様子を見ながら自分もしようとする段階を経て、プライベートな場面を人に見られたくない、という気持ちが生じてくる頃です。見守ってほしい際はオープンに、見られたくない場合はカーテンやドアを閉められるような配慮があるといいですね。プライベートパーツは自分で守る、ということを子どもにも知らせ、人には見せないことを伝えていきましょう。

排泄の発達の目安

1歳	2歳	3歳	4歳
●尿の間隔が2時間くらいになる	●尿意を感じると「おしっこ」と知らせるようになる ●オムツからパンツへ移行する ●パンツを脱がせてもらい、トイレに行くようになる	●おもらしが減り、次第に排泄が自立する	●一人で排尿→紙で拭く→流す、など一連の動作ができる

着脱

環境づくりのポイント

自分でできるわかりやすさを

脱いだものを再び着る場合と、脱いだものは持ち帰り袋に入れ、新しい服を着る場合があります。まずは、**脱いだものは足元に置かず、机やいすなどに積み上げ、新しい身なりになってから、一つひとつ畳めるよう知らせましょう**。再び着るものはプールバッグへ、持ち帰る服は手提げへなどと明確に伝え、自分でできることに自信をもたせたいものです。友達のものと間違えないよう、かごを利用するのも一案です。

すっきりした環境で気持ちよく

園には、子どもの持ち物が多く、たくさんの色や模様がいたるところにあふれています。どうしてもごちゃごちゃした印象になりがちですね。そこで、**必要なときに出し、必要のない時間帯にはしまう、隠すことを心がけましょう。棚にカーテンをつけたり、布で覆ったりする方法もあります**。壁や床に近い色にすると、すっきり見えるでしょう。目立たせたいものだけに目が向く環境となります。

着脱の発達の目安

1歳	2歳	3歳	4歳
● ものの認識が高まる ● 着脱を自分でしたがる ● ほしいものを言葉で要求するようになる	● 何でも自分でしたがる ● 座ってズボンを脱ぎ、はく ● 友達の存在が気になる ● 靴をはく	● ボタンやスナップを留める ● 服の表裏や前後がわかる ● 立った状態でズボンの着脱ができる	● 靴の左右がわかる ● 一人でおおむね着脱ができる

排泄

安心・快適な環境づくりを

ポイント
- 清潔感のあるトイレ空間にする
- 行きたくなる、親しみがもてる工夫をする
- 子どものプライバシーを尊重する

行きたくなる！トイレ空間

おむつ替えも落ち着いて

0～1歳児 紙パンツの収納

紙パンツを収納するボックスには、子どもの名前と入れる枚数が書かれています。／H

まわりの子どもから見えないつくりに。

0歳児 仕切りのあるおむつ替え台

下に、お風呂マットを敷き、汚れたらすぐ洗えます。仕切りの裏側には手づくりおもちゃを設置し、待っている子にも配慮。／P

1歳児 清潔＆安心なトイレ空間

床に敷いたお風呂マットは、汚れた際にすぐ洗え、足が冷たくならずおすすめです。／N

ひやっとしない!!

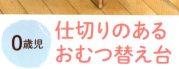

1歳児 トイレには低いベンチを設置

座って待てるね

トイレに置かれたベンチは、子どもがズボンを脱ぐ際や、次の子が座って待つのに最適です。／K

オムツはサイズごとにかごに入れ、使う子どもがわかるように。

第2章 排泄

1歳児 気持ちのいい、真っ白な空間

便器も壁も真っ白で清潔感のあるトイレ。オムツも、棚に収納しています。／I

3〜5歳児 窓から光がさしこむ、開放的なトイレ

トイレが薄暗いと、怖くて行きたがらない子どもも。清潔感のある色使いで、大きな窓から光がさす、明るい空間をつくりました。／L

3〜5歳児 お気に入りのキャラクターを

立ち便器の壁には、電車やヒーローなどのキャラクターを貼って。足を開いた姿だと、同じポーズをまねします。／H

2歳児 かわいいおばけが大人気

子どもに人気のカラフルなおばけが待っています。発達により、身長差もあるので、大きさの違う便器を設置。／B

3〜5歳児 足を置く位置を示す

両足を置く位置を足形を貼って表示。失敗する不安も減ります。／M

3〜5歳児 トイレサンダルを戻す

トイレ用のサンダルは、使った後、棚へ戻します。壁や床に足形のマークを貼り、そろえて置くことも伝えます。／S

77

子どもの
プライバシーを尊重

3〜5歳児 オープンなトイレにはカーテンで目隠し

完全に閉じるドアはまだ怖いけれど、オープン過ぎるのは…という配慮から、カーテンで部分的に隠しました。／H

子どものプライバシーについて保護者へも注意喚起

トイレのドアに、「子どものプライバシー尊重のため、中に入ったり見たりしないでください」と注意書きを掲示。子どもにも、トイレの中に入ってから、ズボンを脱ぐことなどを伝えます。／K

1〜2歳児 カーテンで開け閉めできるように

乳児用トイレにカーテンを設置し、開け閉めできるようにしました。保育者がカーテンを引く様子を見ることで、子どもも友達の前でズボンを脱がなくなります。／K

1〜2歳児 乳児用のトイレもつい立てを

乳児用トイレも、つい立てで隠せるようにしました。使用する人数や子どもの様子に合わせて対応します。／L

オムツのサブスクで、保護者も保育者もラクに！

「オムツのサブスク」は、毎月定額の利用料を支払うことで、サービスを提供する会社から園に直接オムツやお尻拭きが届くシステム。保護者はオムツ1枚ずつに記名して持参する必要がなく、保育者もオムツの取り間違いなどの心配が減り、双方の負担が軽減されます。食事用の紙エプロンや手拭きを届けてもらうオプションもあります。

着脱

わかりやすく・使いやすい!

ポイント
- 場所や、使い方がわかりやすい
- 「自分で!」という気持ちを促す
- 子どものプライバシーを尊重する

第2章 着脱

自分でできる！

身だしなみチェック

0〜1歳児　棚の横に着替え用の椅子を

着替えやオムツを収納する棚の横に、子ども用のいすを。座って着替えたり、順番を待ったりするのに便利です。／C

0〜1歳児　着替えた姿を鏡でチェック

着替えスペースに鏡を設置。鏡はあそび道具としても大活躍ですが、着替えた姿を見たり、身だしなみを整える気持ちが芽生えたりします。／C

3〜5歳児　「自分でできた!」のために

服の畳み方は、いつでも確認できるように掲示しておきます。イラストで、手順もわかりやすく！／H

2歳児　年齢に合わせてロッカーも工夫

2歳児のロッカーは、着替えを入れるかごとカラー帽入れを一体化。自分で引き出し、着替えなどを取り出せます。／K

79

3〜5歳児 オリジナルの着替えボックス収納

ロッカーには、保護者手づくりの子どもの顔写真入りのボックスを入れて使います。ボックスは段ボール箱に包装紙などを貼って。自分の場所がひと目でわかります。／T

3〜5歳児 水あそびの荷物

水あそびをする際、水着に着替えたら、プールバッグはいすの上に、靴下を入れた上履きはいすの下に。戻って着替える際もこれならスムーズです。／M

2歳児 取り出しやすい帽子収納と動線の工夫

保育室の入り口のそばに、帽子入れを設けました。外に行く際、自分で帽子をかぶってからドアに向かうことが身につきます。／B

2歳児 自分で入れるために

持ち帰り用のバッグは、着替えた服を入れやすいよう、口が開いた状態でかけておきます。／H

第 2 章 着脱

3〜5歳児 着替えは更衣室で。人前では着替えない

保育室内に段ボール箱で「更衣室」をつくりました。人前で着替えないことを保育者が伝え、中に入るのも2人までです。／D

外から見えない配慮を

ドアの外を誰かが通るのが見えると、子どもも気になってしまうため、4つの丸い窓には目隠しを。着替えの際にも、外から見られる心配がなく、プライバシー保護になっています。／L

こんな工夫も 収納の工夫

牛乳パックのサイズがカラー帽子にぴったり！ 補修や入れ替えも簡単です。／H

乳児が外に出る際にはく靴下は、100円ショップのグッズを仕切って利用。／O

100円ショップの収納グッズに、カラー帽子を収納。取り出しやすく、しまいやすい！／M

0〜1歳児の着替え入れには、100円ショップの5kg用米びつを使用。上が開くので、出し入れしやすく、半透明なので中が見えます。／B

清潔

環境づくりのポイント

テーブルを拭くときはこれを使おうね♫

見えない菌を感じる力

「手を洗おうね」と、その行動ばかりを促していると、保育者が見ていないところでは洗わない、ちょっとズルをする子も現れます。**なぜ手洗いが必要なのか、しないとどのような事態になるのか、視覚的な教材などを使い、理解させることが求められます。**子どもの想像力が発揮されなければ、水の冷たさに負けてズルをする子たちが増えてしまうでしょう。見えない菌を洗いながして、さっぱりした心地よさをともに味わいたいものです。

布巾を使い分ける

製作あそびでのりを使う際のおしぼり、食事用のテーブル拭き、床用の雑巾など、保育室には数種類の布巾があります。テーブル用が使い古されたら雑巾になる場合もあるでしょう。保育者はもちろん、子どもたちにもそれらを使いこなせるように置き場を決め、区別がつくよう工夫しましょう。布巾の絞り方や、広げて乾かす方法なども、ていねいに指導できるといいですね。

清潔の発達の目安

1歳
- 外から帰ったあとや、食事の前後に保育者が手を拭く
- 保育者が食後の歯みがきを行う

2歳
- 手洗いをするようになり、ブクブクうがいをはじめる

3歳
- ガラガラうがいをはじめる
- 自分で歯みがきをする(保育者が仕上げみがきをする)

4歳・5歳
- 手洗い、うがいの習慣が身につく

清潔

衛生習慣を身につけるために

ポイント
- くり返して行うことで、習慣にする
- 見てわかる、確かめられる環境をつくる
- きれいになると、さっぱりとして気持ちいいことを伝える

第2章 清潔

手を洗うために

大きな写真で紹介
手の洗い方や順番は大きな写真で掲示。手洗い場の上に貼ることで、確かめながら洗えます。

3～5歳児　手洗い＆身だしなみチェックを
手洗い場には、ハンドソープを置く棚があります。鏡もあるので、身だしなみも確認できます。／G

1～2歳児　わかりやすいイラストで紹介

手洗いを始めた1～2歳児には、手洗いの仕方と順番をわかりやすいイラストを使い、手洗い場に掲示しています。／R

3～5歳児　いろいろなポーズをイラストで紹介
手の洗い方を「おねがいぽーず」「かめぽーず」「おやまぽーず」など、子どもがイメージしやすい形にたとえて、イラストで紹介しています。／M

83

3~5歳児　洗う物で水道を分ける

手を洗う水道
ハンドソープが置かれた、手を洗う専用の手洗い場。／L

汚れたものを洗う水道
絵の具の筆や雑巾など、汚れたものを洗う水道には、たわしやブラシなどを用意。／L

2歳児　足形で順番待ちの列を表示

2歳児クラスの手洗い場には、順番を待つ位置がわかるよう足形をつけました。近づきすぎないよう、間を広めに設定。／T

髪の毛を結ぶゴムを収納
タオル掛けの上に、ゴムを入れるケースを置きました。子どもは自分のマークのところに自分のゴムを入れておき、髪を結びたいときに使います。／H

玄関前に、手洗い場を設置

玄関入り口前の手洗い場。保護者はここで手洗いをしてから園に入ります。習慣になることで、さまざまな感染症予防につながります。／Q

布巾・雑巾も分けて使う

台拭きと、おもちゃ用の布巾、雑巾を用途ごとに分けます。／L

拭く用途で使い分け

テーブル用と遊具用を使い分ける

テーブルを拭く、遊具を拭く当番活動で、子どもが間違わないように、油性ペンで用途を書いておきます。／G

テーブル拭きにはこれ！

保育者が使うものは1か所にまとめて

保育者が使う消毒用スプレーやウェットシート、マスクなどの清潔衛生用品も、1か所にまとめておくと、いざというときに安心です。／K

第2章 清潔

伝達

環境づくりの
ポイント

見通しがもてる生活へ

「きょう、何するの？」と子どもがたずねるということは、主体的な生活になっていないということ。毎日の生活の流れを把握し、「きょうはこれがしたい！」と思って登園できるといいですね。それには、先々の予定も知っておきたいもの。1週間や1か月のカレンダーに、行事や予定、活動したことを記入しておくとよいでしょう。どんどん上に重ねて行くと、年度末にはそのクラスの財産になるはずです。

子ども

自分の存在感をマークで感じる

　自分のマークや写真、描いた絵は、自分そのもの。その場は自分の専有空間。「いてもいいんだ」と承認されている気持ちになります。また、全体の中に位置づいていることがわかり、クラスの一員という意識も育まれます。友達のマークも覚えると、友達の顔とマークの一致がうれしくなります。「○○ちゃんは飛行機マークだね」「■■くんはカエルマークだね」と言葉でも伝えて認め合いましょう。

保護者

見てすぐわかる

忙しい保護者は、子どもを引き取ったら1分でも早く帰りたいと思っています。お知らせを掲示しても、そのすべてを読んでくれるとは限りません。何を伝えたいのか、ひと目見てわかるような表示を心がけましょう。キーワードは、色で囲んだり、マーカーで印をつけたりして目立つように。写真やイラスト、図なども使用して、すばやく理解できるようサポートしましょう。

役立つ情報を届ける

ポートフォリオやドキュメンテーションは、保護者へ子どもの育ちを伝える重要なツールです。ただ遊んでいるだけではない、あそびの中で発達に必要な経験を積み重ねていることを具体的に伝えましょう。「子どもがうれしそうに家で話していたのは、これか！」と保護者もわかるとうれしいでしょう。給食のレシピや近隣のイベント情報などが園で手に入ることも、保護者にとってありがたいはずです。

伝達 　子ども　わかりやすく伝える

ポイント
- 年齢に合わせて、理解できるように伝える
- 伝えたい内容が明確に伝わる方法を考える
- 見通しをもって生活しているかチェックする

見てわかると安心

自分のマークを認識する

活動ごとにテーブルや場所が変わる場合には、いすに個人マークを。自分の場所が認識できます。／S

座る席が決まっている場合は、テーブルに個人マークを。自分の場所、隣の友達もわかり安心です。／M

タオルをかける際、個人マークが貼ってあると、すぐわかります。／H

3歳児　自画像と写真付きのグループ表

子どもの自画像と、グループで撮った写真を貼ったグループ表。子どもも保護者も、担任以外の保育者も、誰がどのグループか、ひと目でわかります。／M

3歳児　片づける場所と片づけ方を示す

いすを片づける場所を白いビニールテープで示し、5個まで重ねることを、ひらがなと数字で伝えています。／E

第 2 章 伝達

2～3歳児 ホワイトボードとマグネットを利用

ホワイトボードにバッグの絵を貼り、お弁当や水筒、歯ブラシ、上履きなど、その日に持ち帰るアイテムを貼って掲示。見て確かめて準備できます。／T

3～5歳児 持ち運べる手軽な絵カード

次の活動や注意を促したいときなど、個別の対応をする際に便利な絵カード。リング式にまとめておくと、いつでも取り出せます。／S

3～5歳児 ごみの分別もお任せ！

幼児期から身につけたいごみの分類。ごみ箱を「もやすごみ」「もえないごみ」「かみごみ」の3種類に分けると、少しずつ身につきます。／J

3～5歳児 長針の位置で、片づけや集まりの時間がわかる

時計の長い針が「1」にきたら「かたづけタイム」、「4」にきたら「あつまりタイム」と、見て確認できるよう目印を貼りました。ほかにも、「ごちそうさま」と「おかえり」などの目印も。／G

こんな工夫も

見通しがもてる

3～4歳児

ホワイトボードに、イラストとひらがなで予定を掲示。マグネット式でつけ外しできます。／G

3歳児

大きなイラスト付きのカードを掲示。今日の予定を伝えます。／H

4～5歳児

たて型のホワイトボードに、マグネット式のカードを貼り、その日によって変わる活動は、直接書き込みます。保育室のどこからでも目に入る大きさなので、あそびながらでも確認できます。／T

89

園生活でのルール

3〜5歳児 午睡中は「入れません」

ドアの先には乳児クラスの保育室があり、午睡時などはドアを閉めます。小さな子とあそびたい、お世話したいお兄さん・お姉さんたちも、この掲示があるときは入れません。／D

3〜5歳児 危険を伴うあそび方に注意喚起を

なわとびであそぶときにやってはいけないこと、廊下を走ると友達とぶつかってしまうかも…など、あそびの場面で注意することを、イラストで紹介しています。／S

3〜5歳児 栽培している野菜をとらないでね！

5歳児クラスの子どもが育てているトマトには、「とらないでね」などとイラスト付きの注意書きを設置しました。／S

3〜5歳児 声のものさし

どれくらいの大きさの声で話すのが好ましいのかを示す、声のものさしです。1はありさんくらいのひそひそ声で、保育室内は3のうさぎさんくらい、園庭では5のライオンさんと、時と場所に合わせた声の大きさを伝えます。／E

3〜5歳児 おやすみ中だから、あそべません！

使えないおもちゃは、おやすみ中のクマさんのイラストで、「いまは使えない」と伝えます。カバーで覆うと、目につかず、より安心です。／S

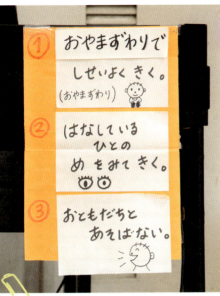

3〜5歳児　あつまりのときの注意点

あつまりのときなどに気をつけたいことをひらがなと絵で掲示。お山座りで、話している人の目を見て、静かに話を聞くことを知らせます。／S

3〜5歳児　暑さ指数を子どもも共有

夏には、暑さ指数を表示。外であそべない理由も、明確に伝わります。／E

当番活動＆当番表

こんな工夫も

5歳児　自画像でつくった当番表

グループごとの係の当番表（円形）と、「今日の当番」を示す自画像をいっしょに掲示しています。／D

5歳児　長く使う当番表は図書フィルムでカバー

畑や花の水やり、赤ちゃんのお世話、お掃除など、5歳児クラスならではの当番活動です。中央の円を回して使います。／H

子どもの写真付きカード

フェルト製の当番表。砂場やホール、森のレストランを見て回り、おもちゃが出しっぱなしになっていないか、確認し片づける役割です。子どもの写真付きカードで当番がわかります。／U

5歳児　当番の仕事を明記

朝はテーブル拭きやお休み調べ、お弁当のときはテーブル拭きやお茶の用意、帰りはおたよりを渡すなど、当番の仕事をわかりやすく紹介。／G

第2章　伝達

友達の存在を意識する

今月の誕生児を紹介

今月、誕生日を迎える友達を写真付きで、廊下に掲示し、園のみんなに紹介します。見た子や保護者など、たくさんの人にお祝いを言ってもらえ、誕生日がさらにうれしくなります。／C

カレンダーにみんなの写真を飾って

カレンダーには、いろいろな行事活動を書き込み、その際の子どもの写真もたくさん貼っていきます。写真を見ながら、そのときの思い出を話し、共有できます。／C

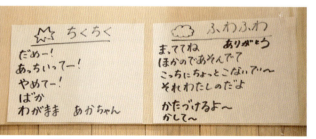

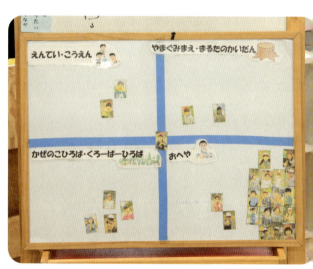

3〜5歳児　ちくちく言葉とふわふわ言葉

「ちくちく言葉って？」「ふわふわ言葉ってどんな言葉かな？」と、子どもと話しながら出た言葉を書き込みました。目につくところにあると、意識しながら話すようになります。／E

4歳児　どこであそんだのか、教えてね

園庭や裏庭など、あそび場が多いと、子どもたちがどこであそんでいたのか、把握できないことも。そこで、大きく4つに分けた中から、自分がおもにあそんでいた場に写真を貼ります。友達がどこで過ごしていたか、どんなあそびをしたか、おしゃべりするのも楽しいですね。／J

5歳児らしさを育てる

第2章 伝達

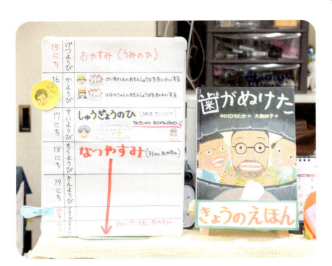

1週間の手書きカレンダー
1週間のカレンダーを使い、子どもとスケジュールを共有します。イラストやカラーペンを使うなど、保育者の工夫で、1週間が楽しみに。／U

きみどり組のテーマ
今年の目標を子どもたちと相談して、掲示しました。／E

時計に5分、10分と読み方を表示
時計の数字の横に丸シールを貼り、0、5、10…と数字を書き、長針の読み方を少しずつ覚えます。毎日目にしていると、自然に興味がわいてきます。／E

楽しかったね

みんなでつくりあげ、楽しんだ様子を掲示
お泊り保育のドキュメンテーションを掲示。写真を見ながら、自分たちが考えてやりとげた思い出をふり返ることで、大きな自信にもつながります。／Q

伝達 保護者 お願いや情報を共有

ポイント
- お願いや園からの情報は、見てすぐわかるようにする
- 保育の紹介や子どもの様子は、写真付きで掲示する
- 子育てに役立つ情報を共有する

協力をお願いする

落としもの掲示にひと工夫

記名がない落としものをまとめて掲示。見た目もよく、落とし主も引き取りやすくなります。／Q

使用用途、素材など、具体的に伝える

日常の掃除や消毒に使うという用途と、素材などを具体的に伝えます。保護者にわかりやすく、間違いがありません。／R

ロッカーの使い方は写真付きで

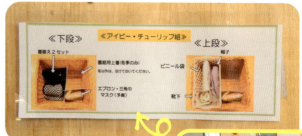

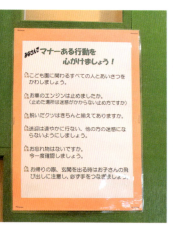

登降園時のマナー

車での送迎時の注意や、忘れ物の確認、外に出る際に気をつけることなどを、玄関に掲示。目につくところに貼ると、常に意識できます。／M

ロッカーは、籐のかごに着替えなどを入れ、スッキリとした見た目に。整理の仕方も、写真付きで説明しています。／Q

園のルールや考えを伝える

第2章 伝達

体験者の感想を掲示

保育参加した保護者の感想を玄関に掲示しています。感想を目にすることで、「参加してみようかな」という思いを後押しします。／I

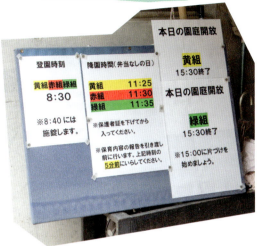

登降園の時刻やルールをわかりやすく

登園時刻や施錠時、降園時、保護者に伝えたいことなどは、はっきりと掲示。クラスごとの色分けも効果的です。／G

園への意見、要望などを届けるシステム

園に関しての意見や要望、苦情などがある場合、用紙に記入して横の箱に入れます。園長と主任の他、第三者委員の名前もあるので、その後の対応につながる安心感があります。／C

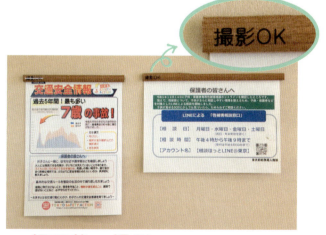

掲示物の撮影について

園での掲示物には、子どもの写真なども多く、扱いが難しいことも。そこで、撮影してよいものには「撮影OK」と示すことに。／Q

保護者の協力へ感謝の気持ちを

水あそびが終了したので、自転車置き場が元に戻ることを伝える掲示。協力への感謝を示す気持ちが、優しいデザインからも伝わります。／R

子どもの様子を伝える

活動の様子が伝わる

ボードフォリオは、クラスごとにその日の子どもの様子を発信。ドキュメンテーションは、子どもが興味をもって進めているテーマについて、最近の活動を考察も含めて伝えます。子どもの表情やつぶやきもたくさん！／Q

園で浴衣を着たよ！

盆踊りからお祭りブームに

盆踊りを楽しむ子どもの写真をきっかけに、浴衣を着たり盆踊りを踊ったり、「お祭り」がブームに。そこで、お祭りで撮った写真を募集し、お祭りのいろいろな情報を伝えました。子どもの興味が広がる様子がわかります。／P

写真満載のドキュメンテーション

ドキュメンテーションは、保護者に伝えたいことがあるときや、子ども同士で共有したいことがあった際に、担任が作成します。たくさんの写真から、その時の様子も伝わります。／G

どんなあそびか、写真で紹介

2歳児クラスの「寒天あそび」の様子を写真をたくさん使って紹介。寒天の感触や、ライトテーブルを使ってカラフルな色を楽しむ様子もわかります。／Q

外へ向けて子どもの作品を飾る

迎えに来た保護者から見えるように、外に向けて子どもの作品を飾っています。他のクラスの保護者にも見てもらえます。／E

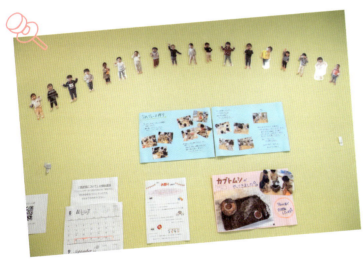

掲示板を活用

2歳児クラスの掲示板には、子どもの様子がわかる写真の他、子ども一人ひとりの写真も。子どもや保育者から出る友達の話から、クラスの友達を知ることにもつながります。／O

大型モニターで保育を紹介

玄関に大きなモニターを設置し、各クラスの食事や行事の様子などを流しています。3日～1週間ほど残すので、自分の子どもの姿を見るだけでなく、ほかのクラスの様子も知ることができ、保護者に好評です。／O

第2章 伝達

子育て情報の共有

レシピのヒントに

保護者からレシピの問い合わせが多いことから、クックパッドに人気のレシピを投稿して紹介。また、園で食べる魚を写真で紹介。買い物の際、子どもと実物を見て話したり、レシピを考える際のヒントになったりします。／K

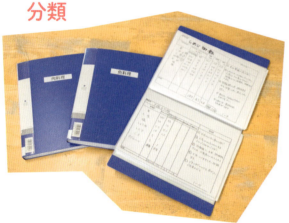

食材ごとにレシピを分類

肉料理、魚料理など、種類ごとのレシピをファイルに分類。興味のあるレシピは、持ち帰りも可能です。／C

保護者におすすめの本

保護者におすすめの本を紹介するコーナー。子育てに関する本や、話題の書籍など、毎回楽しみにする方も多いです。／D

地域の子育て情報も

玄関の壁には、地域のさまざまな子育て情報をまとめて掲示。興味のある情報を手軽に収集できます。／B

散歩マップで、近くの公園情報を

園の近所で、散歩に出かける場所を記したマップ。家族で出かける際の参考に、階段やスロープの有無、人の多さ、トイレの場所なども紹介。／K

保護者の様子

散歩マップを参考に、お子さんがお気に入りの公園へ休みの日に出かけた方も。トイレの有無や場所の雰囲気も事前にわかってよかった、という声をいただきました。

保護者同士の掲示板

「保護者同士で交流できる場を」と考え、掲示板を設置。「こんなとき、どうしている？」と気軽にたずねたり、「○○には■■がおすすめ」などの情報交換をしたり。交流を促すことがねらいです。／C

子どもと関わるすべての職員を紹介

クラスの担任、一時預かり、子育て支援、事務室、給食室、保育補助、時間外など、すべての職員を顔写真付きで紹介。カラフルなボードは、卒園児の卒園製作。みんなで見守ってくれる安心感がありますね。／D

こんな工夫も 職員を紹介

個性が際立つ紙コップ

職員一人ひとりが、紙コップで紹介グッズを製作。今年は、趣味や特技、目標などのほか、自分を表す漢字を紙コップの底部分に記しています。／Q

大きな木に保育者の顔が！

大きな布製の木に、職員の写真を貼った実をボタンでつけ外しできるように。丸い実は、中にキルト芯を入れてふっくらと。／R

第2章 伝達

共有スペース

環境づくりのポイント

光を味方にする

明るい雰囲気にするには、日光をどう取り込むかがカギとなります。窓の大きさや形、窓の前や外に何をどのように置くかで、イメージは大きく左右されますね。すりガラスやステンドグラスなどでも、印象は異なります。朝日がさし込む窓、夕焼けを楽しむ窓などについても認識していると、さらに生活が楽しくなるでしょう。

園環境をつくる主体は「子ども」

「子どもの健全な生活のために、最高の環境を用意したい」と考える保育者は多いでしょう。でも、環境は保育者だけがつくるものではありません。子どもの「これを飾りたい」「ここに、こんなコーナーをつくりたい」という願いは、尊重されるべきでしょう。子どもと保育者が話し合いながら、より生活が楽しくなる環境をともにつくり出す、という姿勢でありたいものです。

みんなから離れて落ち着ける場

トラブルの後に気持ちが高ぶっているときや、1人でじっくりと考えたい場合など、ワイワイした雰囲気から離れたくなることがありますね。安心して心を落ち着けられる場を用意したいものです。人の視線を感じずに、自分と向き合えるといいですね。自然を見ていると心が癒やされ、気持ちを切り替えられる場合もあります。

和の空間を取り入れる

園の床は、フローリングのところが多いですね。現代では、和室のない住宅も増えてきています。日本の文化でもある、畳や障子になじみのない子どももいるでしょう。子どもが自由に入れる和の空間があると、また違うあそびが生まれるかもしれません。雰囲気の違いを味わってほしいものです。

共有スペース — 過ごしやすい空間の工夫

ポイント
- ホッと落ち着ける場を設ける
- あたたかみのある、癒やしの空間を演出する
- 廊下や階段なども有効に活用する

室内の工夫

大きな出窓から外を眺める

道路に面した大きな出窓。子どもはここから、緑や道行く人たちを眺めるのが大好き。気持ちがホッと落ち着きます。／A

ガラス窓の仕切りで交流

乳児クラスと幼児クラスの一部に、開かないガラス窓を採用。直接ふれあわなくても、手を振ったり、様子をのぞいたり、コミュニケーションが図れます。／C

ホッとできる和風の空間

乳児の保育室には、障子の間仕切りや畳の場を。障子を通した柔らかな光や畳の感触、い草のにおいなども感じられます。／I

木製遊具の2階は5歳児スペース

あそびの空間に設置された大型の立体木製遊具。1階は誰でもあそべますが、2階は5歳児専用です。どんなおもちゃを持ち込むのか、どんな空間にするのか、5歳児が相談して決めています。／C

第2章 共有スペース

こんな空間も！ 園のこだわりの場

日本の伝統文化を体験

本格的な茶道でのおけいこが体験できます。伝統的な文化にふれる貴重な機会に、子どもたちの背筋もスッと伸びます。／E

濡れずに雨音や水あそびが楽しめる

屋根のあるテラスには、雨が降るとちょろちょろと水が流れる小さな川を作りました。ここで水あそびも楽しめます。／G

子どもの「知りたい！」に応える場

空きスペースを活用した「にしかまラボ」には、昆虫の標本や、化石、鉱物などを展示。図鑑や世界地図など、子どもが「知りたい！」と思った際、すぐ手にとれる環境を目指しています。／J

屋根裏部屋のような空間

天井が低く、小さな窓だけのスペースは、屋根裏部屋のような雰囲気で、子どもに人気。ゆったり落ち着いてあそべます。／C

保育室の一角に小上がりを

保育室内に、畳と障子の小上がりを設けました。折り紙や製作あそびをしたり、ごっこ遊びをしたり、じっくり取り組める空間です。／B

子どもの様子　和室がない家庭も増えているため、新鮮に感じる子どもも。慣れてくると、少しだけ仕切られた空間を好み、絵を描くなど、じっくり取り組む活動が展開します。

一人になりたいときの場所

保育室と保育室を結ぶ幅広の廊下は、みんなと離れて休みたい子のスペースになることも。保育者の目も届くので安心です。／C

窓辺に季節感を

窓辺に飾った大きな貝殻と観葉植物。爽やかな雰囲気を演出します。／P

あたたかみのある空間に

ドライフラワーの優しい色合い!

第2章 共有スペース

子どもの写真とドライフラワーを飾って

階段を上り下りする際に目に留まるのが、かわいい子どもたちの写真。おしゃれなドライフラワーの飾りは、職員の手づくりです。／Q

花と小鳥のリースを飾る

フェルトでつくった花のリースの止まり木には、羊毛フェルトの小鳥が。子どもや保護者の目を楽しませます。／R

ゆったりくつろげる、明るく開放的な空間

大きな窓に木枠をつけて、飾り棚に。日差しがたっぷり入る気持ちのいい空間にクッションを置いたら、友達とおしゃべりしたり、絵本を楽しんだりしています。／J

屋上を飾る卒園製作

屋上の柵に沿って並べた、卒園製作。カラフルで、個性豊かな子どもの自画像は、屋上の目隠しにもなります。／B

105

廊下や階段を活用

世界地図と世界の言葉
廊下の壁に、世界地図と、「へいわ」「こんにちは」を意味する世界の言葉を貼りました。行ったことのある国や地域、はじめて聞く言葉に、子どもは興味をもちます。／T

絵で数えながら上る
階段に、1〜10までの数を示す食べものを貼りました。数えながら階段を登ったり、好きな食べものを見つけたりするのも楽しいですね。／B

階段に季節の飾りを
階段の壁に季節を感じさせる製作物を飾ります。7月は、トマトやキュウリ、トウモロコシなど、子どもと作った夏野菜を。／S

廊下を飾り、夏祭りの雰囲気アップ
廊下をにぎやかに飾るのは、夏祭り前に子どもが作った作品。子どもも保護者も保育者も、みんなで夏祭り気分を盛り上げます。／N

階段の真っ白な壁に子どもたちの作品を

運動会の入退場門用に5歳児が中心となり製作した飾りが見事なので、階段の壁に掲示しました。子どもの想像力と勢いが感じられて、みんなの目を楽しませてくれます。／J

第2章 共有スペース

建物の構造も利用して楽しむ

建物の構造上の都合で、長い廊下の床には部分的に傾斜があります。子どもはおもしろがって、何度も行ったり来たり、ボールを転がしたり。はいはい時期の子どもにもおすすめです。／K

こんな空間も！ **園のこだわり**

体操クラブみたい！

本格的な設備が整った体育館で、安全にのびのび運動あそび。運動の指導は、現役の体操選手です。／F

木のおもちゃに触れる体験を

「おもちゃのきしゃ」は、登園後からクラスの活動がはじまるまで、子どもたちが自由にあそべるおもちゃの部屋。上質な木のおもちゃがたくさんあります。／F

107

印象に残るスペース

見上げると圧巻！思い出に残るホール

木造の大きな吹き抜けが印象的なホール。入園式や卒園式、誕生会など、子どもの記憶に残る場所になります。／**F**

まるで絵本の世界のよう！

物語の世界に入り込むような、玄関から園舎へのアプローチ。季節によっていろいろな表情で、子どもを迎えます。／**Q**

ホールを彩るステンドグラス

ホールの壁一面を飾る、深い海から空へと続くイメージのステンドグラス。ガラスを通して日差しが、空間いっぱいに広がります。／**E**

のびのび&広々テラス

屋根付きの広くて長～いテラス。雨の日は体を動かしてあそぶことも。園庭にハーブが植えられているので、香りも楽しめます。／**T**

第 3 章

安全 & 働きやすい
環境づくり

安全・防犯・防災

保育者が働きやすい

子育て支援・地域交流 など

安全・防犯・防災

環境づくりのポイント

安全

「ぶつける」「はさむ」を回避

　保育者は子どもの動きをよく見て、転びやすいところ、頭や肩をぶつけやすいところ、指を入れたくなるところなどをチェックし、対策します。子どもはほかの子どもの動きから、おもしろそうなことをまねしますから、やりたくなることはあそびに置き換えてできるようにしましょう。ぶつかりやすいところにはクッション材などを貼り付けて保護。けがなく過ごせる環境をみんなで工夫してつくりあげてください。

暑さから守る

　地球温暖化の影響によるためか、夏の日差しと暑さは、一昔前とはくらべものにならないレベルです。園庭では、木陰や遮光シェード、パラソルなどを使い、心地よい日陰を提供しましょう。うちわや扇子を用意して、子どもが使えるようにするのもいいですね。じょうろを使って水をまく活動も、あそびの1つとして取り入れたいものです。

防犯

毅然とした姿勢を見せる

　地域に開かれた園であることを示しながらも、子どもを徹底的に守り抜くという姿勢はアピールしたいもの。門や玄関ドアの施錠は確実に行い、開け方は保護者にていねいに伝えておきます。それ以外の来客は、インターホンで対応。園のまわりをぐるりと巡り、物の配置などもチェックしましょう。

不審者対応は十分なシミュレーションを

　保育者は十分に訓練を行い、万が一の場合も適切に動けるようにしておかなければなりません。子どもが緊急ブザーの音にびっくりしないよう、あらかじめ聞かせて、どういうときに鳴らすのか、鳴ったときはどうすればいいかを知らせておきましょう。さすまたなどの器具も、子どもたちの前で使って見せ、あそび道具ではないことを伝えておきましょう。「自分たちは、こんなに守られているから安心だ」と、子どもが思えるよう備えておく必要があります。

警察や消防の方と親しく

園を、訪れてくれる警察や消防の方も、子どもたちにとっては大切な人的環境です。ぜひ、園内を見てもらうよう誘ってみましょう。子どもたちへも「みんなの安全を守ってくださっている警察の〇〇さん」と紹介します。「いつもありがとう」など、子どもからあいさつできる関係になれば、より防犯意識が高まります。

防災

ヘルメットは身近に

ヘルメットがあっても、使い方がわからないようでは困ります。時々は、ヘルメットをかぶってあそぶ日や時間があってもよいでしょう。折り畳み式のヘルメットの場合、保育者も4、5歳児も、手早く組み立てられるよう、生活の中で取り入れ、扱いにも慣れておく必要があります。防災頭巾も同様です。効果的に使用できなければ、視界を妨げるだけのものになってしまいます。

自分の命は自分で守る

何が起きても、自分の命は自分で守ることを1歳頃から意識できるように関わりたいものです。地震の際、体の中でも特に頭は大事。テーブルの下に入って守る、手で守る、近くにある絵本やぬいぐるみなどで守るなど、とっさに判断して行動できるようにしたいものです。火事の場合は、煙を吸い込まないよう、そで口で鼻や口をおおい、身を低くすることなども、視覚的な教材を使って伝えていきましょう。

災害を知る

災害にはさまざまな種類があります。火事や地震、水害、あるいは爆弾や有害ガス、不審者など。訓練の場合も、どんな災害で避難するのかを子どもに伝え、対応できるようにしましょう。やみくもに怖がらせず、それらの特徴を知り、効果的な命の守り方を実践します。備えておくことで、何も起こらない日常がいかに幸せなことなのかも感じ取れるでしょう。

安全 — 園で安全に生活する

ポイント
- けがをしやすい場所をカバーする
- 子どもの行動をよく見て、次の動きを想像する
- 危ないことはくり返し伝え、子ども自ら気をつけられるように

けがや事故を防ぐ

ボタンなどの操作盤を扉で隠す

ホールの照明やエアコンのボタンなどは、子どもや部外者が操作できないよう、扉で隠します。／E

指はさみを防ぐ

園の入り口のドアは、すき間に手を入れてはさまないよう、ストッパーを設置。／E

窓のかぎ開けを防ぐ

外を見下ろせる大きな窓は子どもにも魅力的。よじ登って窓のかぎを開けないよう、柵で囲みます。／K

引き戸で手をはさまない工夫

子どもも利用する引き戸は、子どもの手が届く範囲をピッタリ閉まらないつくりに。手指をはさむ心配がありません。／E

階段を上がるのはNG

階段の前にパーティションを設置。「上がらないで」というメッセージを子どもに視覚的に伝えています。／N

第3章 安全

子どもの脱出を防ぐ
2歳児クラスのドア。子どもが1人で出ること防ぐために柵を。高い位置にかぎを付けました。／B

閉める際は自動施錠
保育室と共有スペースの間のドアは、開けるときは手動で、閉めるときは自動で施錠するしくみ。うっかり…の閉め忘れを防ぎます。／Q

園外に出る際の安全対策
園外保育などへ出かける際、園の前の道路に設置。目立つので、周囲の方も気をつけてくれます。／L

誤飲や午睡時の事故を防ぐ

誤飲による事故や午睡時の突然死など、乳児の安全面で特に気をつけたいことを、保育室の壁に掲示。常に目にすることで、注意を促します。／K

こんな工夫も 熱中症対策

太陽の日差しをカット
砂場の上に日よけを設置。遮光シェードにより、外あそびが安心して楽しめます。／C

ミストシャワーを設置
ミストシャワーには、周囲の温度を冷却する効果と、気化熱によって体温を下げる効果があるといわれてます。／J

防犯 子どもを守る意識を徹底する

ポイント
- 不審者を寄せつけないことが大事
- いざというときの対応を共通理解する
- いざというとき、動ける訓練をしておく

不審者への対策

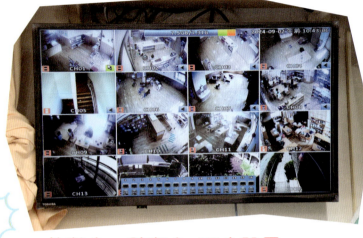

複数台の防犯カメラを設置

防犯カメラを複数台設置し、園外と園内の様子をチェック。再生機能がついているので状況確認にも便利。不審者対応でも映像を頼りに状況を収集できます。／P

ガラスドアは一部を曇りガラスに

解放的なガラス窓の入り口は、下の部分を曇りガラスに。明るさは保ちつつ、中の子どもの様子は見えません。／E

ドアの施錠を保護者とも共有

ドアの施錠忘れを防ぐため、ボタンを押して開錠します。常時施錠のルールは、保護者とも共有しています。／L

保育室のドアにすき間を空ける

保育室のドアに、ストッパーをはさみ、すき間を空けています。保育室の声がある程度外に届き、何か起こった際、すぐにかけつけられるようにするための工夫です。／K

第3章 防犯

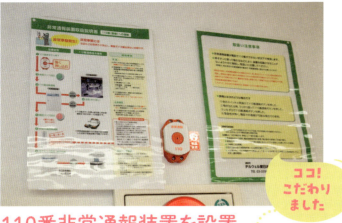

110番非常通報装置を設置

不審者など、突発的な非常事態が起きた際、非常通報ボタンを押すと、自動的に110番指令室につながるしくみ。近隣の警察署とも連携がとれており、安心です。／E

ココ！こだわりました
110番非常通報装置は、園内だけでなく、園バスにも設置。いざという時に車内から通報することができます。

緊急ブザーをクラスごとに

各保育室に緊急ブザーを設置。外あそびの際には持ち出し、常に保育者が携帯します。／E

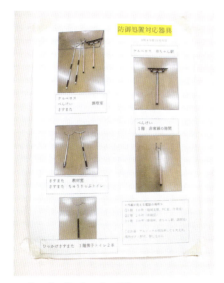

防犯器具はいろいろな場所に設置

さすまたなどの器具の設置一覧表

不審者などに対峙する際の防御措置対応器具の一覧表。いざというとき、どこに何があるのか確認できます。／H

さすまたなどの防犯器具は、玄関の横や園舎の壁などにも設置。突発的な事態に備えています。／G

不審者対策にネットランチャーを

不審者に触れることなく、対処できるネットランチャーを用意しています。／G

2〜3cm離れた場所から発射します

防災 災害から身を守るために

ポイント
- 普段から防災を意識できる工夫をする
- 防災アイテムは、すぐ手に取れる場所に置く
- 子どもや保護者にも、避難経路などを伝える

普段の生活のなかで

このマークに集まる！

テーブルの脚にマークを貼ると、自然とテーブルの下に入り、頭と体を守ることにつながります。

階段の手すりにもマークを。階段の途中で地震がきたら、手すりにしっかりつかまります。

まだ防災に関する知識が少ない子どもへ指示が通りやすいよう、地震などが起きたら「このマークのところへ集まる」と約束しています。保育者はもちろんお迎えに来た保護者など、近くにいる大人が助けてくれることも伝えています。／C

東日本大震災は午睡時に起きました。そこで、ホールで午睡をする幼児は、午睡に向かう際に防災ヘルメットを持って移動。保育室以外で活動する際も、ヘルメットを持って移動します。／D

ホールで見守る保育者も、持ち出し用のリュックと防災ヘルメットを準備。

午睡時は防災ヘルメットを近くに置いて

外履きと防災頭巾をまとめて用意

いざというときのために、子どもの外履きと防災頭巾を、持ち出しやすい場所に準備しています。／H

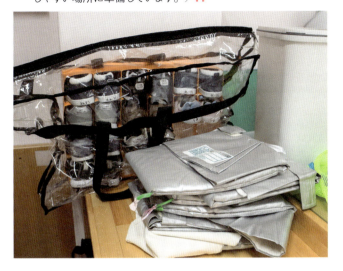

2階からの避難経路

2階から直接避難できる通路。普段は、下にコーンを置き、通行禁止に。／L

子どもに伝えたい「おかしも」ポスター

子どもの目に入りやすいよう、廊下の壁に「おかしも」のポスターを掲示。普段から、くり返し伝えています。／M

子どもの身を守るものは、子どものそばに

子ども用の防災ヘルメットは、しまい込まず、いざというときにすぐ手に取れる場所に。子どもが自分で身につけられます。／P

玄関には来客用のヘルメットも

玄関に準備した防災ヘルメットは、地震が起きた際にその近くにいる保護者や保育者用。さまざまなシーンを想定し、準備しています。／H

第3章 防災

117

いざというときの準備

園の非常用備蓄を展示

保護者への引き渡し訓練の日、園の非常用の備蓄を展示して見せました。食料や水、オムツ、毛布、発電機など。家庭で備える際の参考にもなります。／H

地震に備えてピアノを固定

過去の大地震の際、ピアノが倒れたり大きく揺れて壁を破損したりするケースがありました。そこで、ピアノは壁から離し、床に固定しました。／E

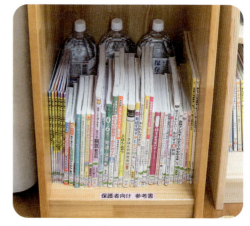

ちょっとしたスペースに水を収納

非常用の備品はたくさんあり、収納場所も必要です。そこで、奥行きのある本棚の空いたスペースに水を収納。園内を見回し、空きスペースを活用します。／K

災害用のトイレを用意

災害時に困るのが、水や食料と同時にトイレ。子どもはトイレを我慢できません。災害用のトイレも十分な数を用意しておくと安心です。／G

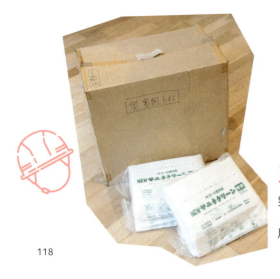

避難経路&防災備品マップを掲示

園内の避難経路と、防災備品を置いた場所をまとめたマップを玄関に掲示。わかりやすく示すことで、いざというとき、保護者の協力も得やすくなります。／C

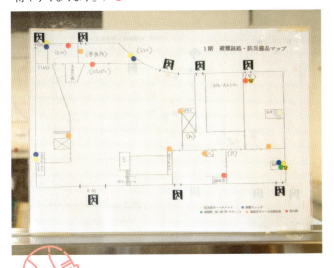

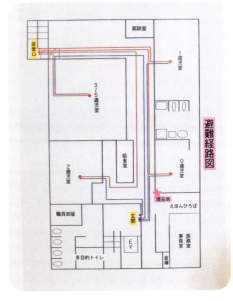

避難経路は目につきやすい場所に

避難経路図は、玄関や掲示板の他、各保育室の前など、大勢の目につくようにたくさん掲示します。／K

子どもと手をつないでいても使えます

非常時の持出袋もチェック

災害時、園から避難所へ避難する際に持ち出す、非常持出袋。子どもの名簿、保護者の連絡先などのリストも忘れずに。首から下げて使えるライトも便利です。／U

誰が見てもわかる工夫を

0・1・2歳児クラスは、子どもの外履きと防災頭巾、消火器などを棚の中に収納。いざというときに、誰が見てもわかるよう、マークで収納場所を示しています。／O

第3章 防災

保育者が働きやすい 環境づくりのポイント

子どもの力を借りて一石二鳥

壁面を飾る主役は子どもたち。**一人ひとりの作品はもちろんのこと、季節の製作も興味をもった子どもが、保育者といっしょに楽しめばよいのです。**運動会のメダルや発表会のプログラムなども、5歳児の活躍の場としていきましょう。「大人の手による美しさ」より、「子どもの思いと意欲」の方が多くのメッセージを伝えてくれるでしょう。

情報はまとめてわかりやすく

忙しい毎日、気をつけなければならないことが多い状況はミスを生むもの。**保育者が確認すべき情報はひと目で把握できるようにしておきたいものです。用事はなるべく一度に済むように、情報を確認する場、道具のある場、保育を行う場などの動線を考えた配置をしましょう。**保育室の出入りや履物の着脱が頻繁な場合は、改善する余地があります。

十分な休憩も仕事のうち

リラックスする時間は、すべてを忘れてのんびりできるような空間で過ごしたいものです。寝転んだり、ストレッチができたりすると最高ですね。**十分に心と体を休めることで、次の仕事にも全力で取り組むことができます。休憩でリフレッシュすることも、大切な仕事だと、共通理解していきましょう。**

保育者が働きやすい

保育に集中し、働きやすい環境

ポイント
- 動線やチェック項目をわかりやすくする
- 壁面などの製作は、子どもといっしょにつくる
- ゆっくり休憩できる時間と場を確保する

第3章 保育者が働きやすい

保育に集中できる工夫

保育者の持ちものを取り出しやすく収納

保育室に置く保育者の持ちもの。保育で必要なものが、きれいに整理され、取り出しやすく考えられています。／L

保育中、インカムを使用

保育者の数人が、マイク付きイヤホンをつけて保育。子どもの移動を伝えたり、何かあった際の応援要請などがスムーズにできます。／C

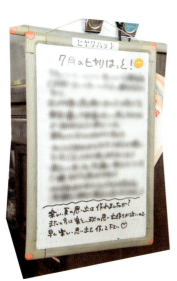

ヒヤリハット情報を共有

保育中にドキッとしたヒヤリハットをホワイトボードに記します。オープンな形で情報を共有することで、互いに意識でき、事故などを未然に防ぐことにつながります。／C

保育者の動線を考慮

照明やエアコン、電話など、操作が必要なものを1か所にまとめると、動きがスムーズに。／M

121

エピペンの使用法を掲示

いざというときに慌てず対処できるよう、食物アレルギーのアナフィラキシーショック時の対応や、エピペンの使い方を保育室の壁に掲示しています。／E

壁面などの製作を時短

ココ！こだわりました

保育者の働き方改革の一環として、保育室内の製作は子どもの作品をメインに、誕生表もくり返し使えるパーツを利用。時短にもなり、保育に集中できる効果もあります。

壁面には子どもの作品を

保育室の壁面は、保育者が全部つくるのではなく、子どもの作品を飾って仕上げます。保護者も子どもの作品を楽しみに見ています。／E

誕生表はシンプルに

誕生表は、誕生月と誕生日の子どもがわかればよいので、季節のモチーフを貼るだけのシンプルなものに。季節のモチーフは図書フィルムでカバーし、くり返し使います。／E

第 3 章 保育者が働きやすい

子どもの写真が引き立つ誕生表

子どもの写真を使った誕生表。子どもの写真が映えるよう、100円ショップなどでも手に入る雑貨を使い、シンプルにまとめました。／J

ほっと休憩できる場を

清潔感のある更衣室

清潔感のある更衣室。ロッカーは鍵付きで、相談やおしゃべりができるテーブル＆いすも用意します。／L

窓のある休憩スペース

窓から外を眺めながら、ちょっとひと休み。ホッとできる空間でリフレッシュできると、保育にも集中できます。／P

カフェのような休憩室

テーブル席のほか、ソファもある休憩室は、大きな窓もあって、カフェのような雰囲気。広いので、食事をしたり、横になって休んだり、ゆっくりできます。／O

子育て支援・地域交流など

環境づくりのポイント

わくわくする空間

はじめて訪れる場所は、大人も子どもも不安なものです。明るく心地よい場で、触ってみたいおもちゃや、入ってみたいハウスやテントなどがあると、子どもはわくわくします。子どもがうれしそうにあそびはじめると、保護者はホッとして連れてきてよかったと思えます。季節ごとに趣を変えるなど、いつ来ても楽しめる場づくりを心がけましょう。

オープンとクローズを意識して

開放的な空間は、心を解き放ってくれますが、いつも人から見られている気分にもなります。明るい場が苦手な子どももいるでしょう。子どもは、部屋の隅っこや棚の裏側など、人目につかない秘密基地のような場所を好む場合もあります。観葉植物なども上手に利用し、親子２人だけで座れるコーナーや、他の人の視線を遮るエリアなどを工夫してもよいですね。

子育て支援・地域交流 など

はじめてでも安心できる環境

ポイント
- はじめてでも安心できる空間を考える
- さまざまな年齢に対応できるおもちゃを用意する
- 保護者同士や地域の交流も意識する

第3章 子育て支援・地域交流など

子育て支援

明るく開放的な空間が迎える

明るく開放的な空間で、のびのび過ごせます。担当の保育者に相談する保護者の姿も。いろいろなおもちゃがあるので、どんなあそびが好きなのか、試すこともできます。／E

楽しそうなおもちゃがいっぱい！

さまざまなおもちゃでコーナー分けされた空間。はじめて訪れた子どもも、好きなおもちゃを見つけて、じっくりあそびます。／N

125

さまざまな手づくり おもちゃを用意

巨大なセンサリーマット

床にブルーシートを貼り、その上に水を入れたチャック付きポリ袋を貼り付け、画用紙のパーツを貼ってつくります。足で踏んだり、寝転んだり、全身でウォーターベッドのような感触を楽しみます。／N

的当て

海の世界の的当て。海の生きものと泡をフェルトでつくり、面ファスナーを貼ったピンポン玉を投げると、くっつきます。／N

空き箱の中で電車ごっこ

空き箱の中に線路を描き、いろいろな電車の写真を貼りました。電車が通る穴を開けたので、おもちゃの電車を動かしてあそべます。／P

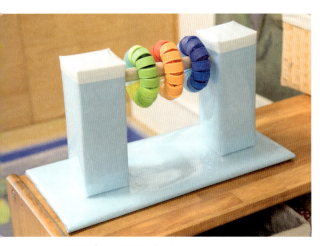

指先で回すおもちゃ

カラフルな輪は、ペットボトルのキャップに穴を開け、ひもを通したもの。指先で動かしてあそびます。2本の柱は、牛乳パックの中に新聞紙などをぎゅうぎゅうに詰めて頑丈に。色画用紙を貼った上から図書フィルムでカバー。消毒もOKです。／N

ペットボトルのリングウェーブ

ぐるぐると巻いたワイヤーを通り、リングが落ちていく様子を見て楽しむおもちゃ。ワイヤーは太めのマーカーなどに巻いてくせをつけ、リングを通します。底とキャップの裏に穴を開け、ワイヤーを通し、固定するとできあがり。／N

一時預かりなど

家庭的な雰囲気を演出

入園前の子どもが不安を感じないよう、一時預かりの部屋は、一般の家庭の雰囲気に。落ち着いた色味のおもちゃも用意します。／O

荷物置きは移動OK

子どもの荷物置き。一人分ずつ分けて収納し、移動もできるワゴンタイプを採用。／O

第3章 子育て支援・地域交流など

地域交流

登録して利用できるカフェ

地域の子育て中のママパパが交流できるカフェを併設。ネットで登録すれば、無料で利用できます。「園のお迎え前にちょっと一息」で利用する保護者もいます。／O

ゆるりとお話し会へ

園の卒園児や在園児の保護者を中心に、地域の方にも参加を募る会。気軽におしゃべりしたり、食事を楽しんだりします。幅広い年代が集うと話題も広がります。／P

127

監修者略歴

横山洋子（よこやま ようこ）

千葉経済大学短期大学部こども学科学科長・教授。富山大学大学院教育学研究科学校教育専攻修了。国立大学附属幼稚園、公立小学校勤務ののち現職。著書に『子どもの育ちをサポート！ 生活とあそびから見る「10の姿」まるわかりBOOK』（ナツメ社）、『0～5歳児 非認知能力が育つこれからの保育』（池田書店）、『保育士に怒らず育てるコツ全部聞いてみた 子育て神フレーズ』（永岡書店）、監修書に『3・4・5歳児 12カ月の製作あそび』（ナツメ社）など多数。

執筆：P.2-3、P.8-9、P.24-25、P.40-41、P.48-49、P.60-61、P.66-67、P.74-75、P.82、P.86-87、P.100-101、P.110-111、P.120、P.124

★取材協力・写真提供いただいた幼稚園、保育園、こども園（五十音順）

- A あそびの保育園（埼玉県）
- B 浦和ひなどり保育園（埼玉県）
- C かつしか風の子保育園（東京都）
- D 川村学園女子大学附属保育園（千葉県）
- E 久我山幼稚園（東京都）
- F 健伸幼稚園（千葉県）
- G 白金幼稚園（東京都）
- H 聖マリア保育園（東京都）
- I そあ季の花保育園（東京都）
- J 西鎌倉幼稚園（神奈川県）
- K にじのいるか保育園 芝浦（東京都）
- L 認定こども園新小岩幼稚園／1、2歳児クラス ロータス（東京都）
- M 認定こども園ふたばランド（茨城県）
- N 春保育園（千葉県）
- O Pico ナーサリ久我山駅前 保育園（東京都）
- P ひだまり保育園（東京都）
- Q 陽だまりの丘保育園（東京都）
- R みたか小鳥の森保育園（東京都）
- S 幼保連携型認定こども園まどか幼稚園（東京都）
- T 幼保連携型 みふみ認定こども園（栃木県）
- U 林間のぞみ幼稚園（神奈川県）

★スタッフ

本文デザイン／西藤久美子（PAGUO DESIGN）
DTP／有限会社ゼスト
イラスト／にゃほこ
撮影／小山志麻、清水紘子、矢部ひとみ
編集協力／久慈里美、河野 麗、森田 碧（株式会社スリーシーズン）
編集担当／柳沢裕子（ナツメ出版企画株式会社）

子どもの「やりたい！」「できた！」をかなえる
保育の環境アイデア

2025年3月6日 初版発行

監修者	横山洋子　　　　　　Yokoyama Yoko,2025
発行者	田村正隆
発行所	株式会社ナツメ社 東京都千代田区神田神保町1-52 ナツメ社ビル1F（〒101-0051） 電話　03-3291-1257（代表）　FAX 03-3291-5761 振替　00130-1-58661
制　作	ナツメ出版企画株式会社 東京都千代田区神田神保町1-52 ナツメ社ビル3F（〒101-0051） 電話　03-3295-3921（代表）
印刷所	広研印刷株式会社

ISBN978-4-8163-7670-2　　　　　　　　　　　　Printed in Japan

※定価はカバーに表示してあります
※乱丁・落丁本はお取り替えします

本書の一部または全部を著作権法で定められている範囲を超え、ナツメ出版企画株式会社に無断で複写、複製、転載、データファイル化することを禁じます。

本書に関するお問い合わせは、書名・発行日・該当ページを明記の上、下記のいずれかの方法にてお送りください。電話でのお問い合わせはお受けしておりません。

- ナツメ社Webサイトの問い合わせフォーム
  https://www.natsume.co.jp/contact
- FAX（03-3291-1305）
- 郵送（左記、ナツメ出版企画株式会社宛て）

なお、回答までに日にちをいただく場合があります。正誤のお問い合わせ以外の書籍内容に関する解説は、一切行っておりません。あらかじめご了承ください。

ナツメ社Webサイト
https://www.natsume.co.jp
書籍の最新情報（正誤情報を含む）はナツメ社Webサイトをご覧ください。